解码 叛逆期
父母如何陪伴

金国英 著

浙江科学技术出版社

图书在版编目(CIP)数据

解码叛逆期：父母如何陪伴 / 金国英著. -- 杭州：浙江科学技术出版社，2021.6（2023.4重印）
ISBN 978-7-5341-9645-4

Ⅰ.①解… Ⅱ.①金… Ⅲ.①青春期－家庭教育 Ⅳ.①G782

中国版本图书馆CIP数据核字（2021）第106752号

书　　名	解码叛逆期　父母如何陪伴
著　　者	金国英
出版发行	浙江科学技术出版社 杭州市体育场路347号　邮政编码：310006 办公室电话：0571-85176593 销售部电话：0571-85176040 网址：www.zkpress.com E-mail：zkpress@zkpress.com
排　　版	杭州万方图书有限公司
印　　刷	浙江新华印刷技术有限公司
开　　本	710×1000　1/16　　印张　12
字　　数	139 000
版　　次	2021年6月第1版　　印次　2023年4月第2次印刷
书　　号	ISBN 978-7-5341-9645-4　　定价　39.80元

版权所有　翻印必究

（图书出现倒装、缺页等印装质量问题，本社销售部负责调换）

责任编辑　马瑶瑶　　　责任校对　张　宁
责任美编　金　晖　　　责任印务　叶文炀

序

孩子的内心世界你真的懂吗

当今社会，越来越多的孩子以叛逆和心理疾病等方式提醒着人们家庭教育的缺失。人们发现，事业上再大的成功，也弥补不了孩子的失败给自己带来的失落；社会上再有地位，也弥补不了夫妻关系的矛盾给孩子带来的痛苦。

孩子长大后的性格特点和为人处世方式，深受童年原生家庭的影响。家庭是孩子的第一所学校，父母既是孩子的第一任导师，也是孩子的终身导师。蒙台梭利认为，孩子一出生就具备一个精神胚胎，其中藏有心灵成长的密码，成人的教育和引导决定了其未来发展的蓝图。其实，父母的任务就是要激活孩子内在的天赋，唤醒孩子潜意识冰山下的力量。父母的一言一行，都在引导着这份力量。

父母强，则少年强；父母智，则少年智。可以说，人的成长发展皆源于家庭的养育。被称为"钢琴诗人"的傅聪，无论身处何方，都始终不忘赤子之心。回忆自己的成长经历，他感慨自己性情的养成和对艺术的卓绝追求，都离不开父亲在家书中的谆谆告诫。一百多封家书漂洋过海牵动着父子的心弦，一字一句都是父亲对儿子做一个"德艺俱备，人格卓越"的艺术家的殷切期待。

在物质生活渐趋丰盈的今天，许多家长竭尽全力满足孩子所有的物质需求，殊不知，悄然间培养了一批只知索取、不懂分享与感恩的少年。他们视父母的付出为理所当然；他们遇到瓶颈，就轻言放弃；他们不善合作，难以融入团体……自闭、啃老、沉迷于虚拟世界等新兴问题层出不穷。

曾几何时，家长们为了孩子的考试分数奔波忙碌，不仅家长自己常常变得焦虑不安，还在无形中让孩子背负了沉重的枷锁。的确，我们造就了少数的成功者，但更多的孩子则沦为了精神的侏儒。如今，"一考定终身"的时代已然成了过去式，我们应该看到每个孩子都是独一无二的个体，应该让青春的生命在和煦的阳光下自由绽放，在蔚蓝的天空中恣意翱翔。

如何让孩子心理健康、精神富足；如何让孩子树立正确的人生观、世界观、价值观；如何激发孩子的梦想，让孩子自发地向善向美……这才是现代家长最应该审慎思索的命题。金国英老师在本书中给出的建议或许会给在家庭教育之路上摸索的家长一些启迪。

家庭教育的道路，我已经走过了很多年。我亲眼见到过有些家庭，因为父母不懂教育，导致孩子叛逆、厌学、抑郁。同时，我也见证了太多家长因为自身的改变，影响了他们的孩子，改变了整个家庭。当看到笼罩在孩子心头的乌云消散，取而代之的是平和自信的笑靥时，一种深深的自豪感和幸福感便油然而生。那一刻我明白，这就是家庭教育的使命与意义。

茨威格说："一个人生命中最大的幸运，莫过于在他的人生中途，即在他年富力强的时候发现了自己的使命。"金国英老师在学校里，是一位优雅知性的班主任，深受学生喜爱；在家庭教育之路上，她是一位坚定执着的开拓者。因为热爱，所以执着，从教二十多年，爱生之心始终如初，探索的脚步从未止息。

很有缘分，在我的一次家长课堂里结缘了金国英老师，也许在彼此相识的那一刻，就注定了是教育事业上的同路人。愿此书能带给广大家长启发与智慧，帮助到更多的家庭和孩子，也愿金国英老师能坚持走在家庭教育的道路上，为中华之教育事业贡献自己的一份力量！

是为序。

2021.5.16

自 序

只有家长改变，才能陪伴孩子终身成长

孩子每时每刻在长大，家是让孩子成人的地方，学校是让孩子成才的地方，社会是让孩子成功的地方。一个孩子，只有在家里能成人，到学校才能成才，走向社会才能成功。因此，成人是第一位的！

我在社区和学校做了几场家庭教育公益讲座，同时加入了湖州市青少年心理援助热线志愿者队伍，很多家长便把我当成了家庭教育的专家，总喜欢问我关于孩子的问题："我儿子自律性差，我们家长应该怎么做？""我女儿初二早恋了，应该怎么教育？""我儿子脾气暴躁……""我女儿考试粗心大意……"被问得多了，我总结出了几条规律：

第一，在家长眼中，孩子的问题是无穷无尽的。孩子不爱说话，家长便希望他外向；孩子外向了，家长又觉得他太调皮了；孩子很乖，但是不爱学习；爱学习，可是没朋友；朋友多，却不懂得筛选……总之，家长的担心和焦虑无穷无尽。

第二，大部分家长看不到孩子的行为和自己的养育方式之间的联系。家长总希望给孩子找到一剂灵丹妙药，甚至不怕花大价钱把孩子送去各种训练营集中"修理"，也不愿意想想是不是自己做错了，自己可不可以改进和弥补。

第三，大量家长都是在看到孩子出现各种各样的"问题"的时候才着急上火。塑造一个孩子的性格最重要的时间就是3岁以前，现在孩子大了，当然这

并不代表你没机会了。其实家长随时的改变，孩子都能感受到，并且会给出积极的回应，因为"孩子爱我们，远胜过我们爱孩子"！

所以，这本书我想写给所有为孩子操心的父母和关注家庭教育的老师们。你的焦虑和担心并不会让孩子突然变得更好，因为焦虑和担心只是本能，对孩子适应现代社会毫无帮助。社会化的过程是抑制原始本能、增加社会能力的过程。在适应现代社会的过程中，家长需要给孩子的是知识、耐心和爱。

青春期的教育是爱的教育，是关于人生的教育。青春期是一个成长阶段，是从儿童到成人的过渡期、关键期，青春期决定人的健康、幸福、事业、前程，乃至未来婚姻家庭的成败。但让家长困惑的是，为什么有些青春期的孩子突然像变了个人，顶嘴、叛逆、不听话？为什么有些孩子早恋，甚至早孕堕胎？为什么有些孩子会封闭心门、无法与父母对话、在学校有社交困难或障碍？如何解决孩子作业拖拉、成绩下滑，甚至厌学、网瘾、辍学宅家等问题？青春期情感该如何引导？

在这个过程中，家长最可以使劲儿的地方，是自己。如果孩子意识不到成长是自己的事，我们只能等待和示范，而不能代替他安排他的生活。但是，我们可以安排和改变自己的生活。我们应该把重心放在自己身上，因为心比脑更重要，智慧比知识更重要。用心学做智慧家长，活出自己最好的模样，做孩子的榜样，孩子就会觉得轻松，也能感受到改变是可以真实发生的。

家长要通过学习去刷新那些固有的执着的观念。通过您的改变，让孩子对学习和改变有信心；对爱有信心，家长才能陪伴孩子终身成长。因此，在本书中我不仅仅关心孩子，更关心家长您！

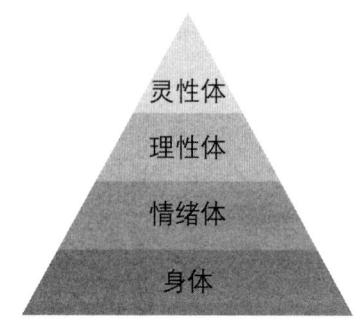

完整的人

灵性体
理性体
情绪体
身体

目 录

>> 幸福家庭　亲子关系　养育孩子 <<

第一章　学做智慧家长　经营幸福美满家庭

　第一节　爱自己，让自己更美……………………………………3

　第二节　爱家人，让家人更美……………………………………4

　第三节　爱这个家，让家更美……………………………………5

第二章　亲子关系决定孩子的一生

　第一节　亲子关系决定了孩子与世界的关系……………………8

　第二节　父母的语言和行为模式对孩子的影响…………………11

　第三节　所有的关系都是原生家庭关系的投射…………………15

　第四节　我们的思维模式由父母决定……………………………20

第三章　养育孩子是复杂的生命体系

　第一节　养育孩子是一个复杂体系………………………………24

　第二节　学会放养式教育，生命才会充满活力…………………30

　第三节　植入孩子生命最重要的三根支柱………………………34

》 重建亲子关系模式　植入人生三根支柱 《

第四章　父母无条件的爱让孩子有安全感和归属感

  第一节　真正的爱是不需要交换的 ················ 41

  第二节　无条件地爱孩子也要把握原则 ············· 44

  第三节　不要让"不爱"进入孩子的认知 ············ 47

  第四节　无条件的爱绝不是溺爱 ··················· 50

第五章　价值感让孩子有内驱力去创造成就

  第一节　了解孩子青春期价值感的诉求 ············· 54

  第二节　归属感与价值感，让孩子自愿变得更好 ····· 59

  第三节　没有人与生俱来自带价值感 ··············· 63

  第四节　自尊水平越高的孩子越自律 ··············· 66

第六章　培养终身成长的心态　让孩子懂得美德背后的美德

  第一节　美德背后的美德，是成长型思维在起作用 ··· 74

  第二节　积极的语言互动，培养孩子成长型心态 ····· 78

  第三节　引导孩子把注意力放在过程上 ············· 81

  第四节　终身成长的思维，允许失误和挫折 ········· 85

第七章　青春期孩子成长过程中的关键性问题

  第一节　烦恼关键词：叛逆管教 ··················· 89

  第二节　烦恼关键词：教育分歧 ··················· 94

第三节	烦恼关键词：生命教育	97
第四节	烦恼关键词：二孩家庭	99
第五节	烦恼关键词：单亲家庭	105

≫ 实地讲座　父母如何陪伴 ≪

讲座实录

第一讲	学做智慧家长陪伴孩子度青春	111
第二讲	掌握习惯把控人生 —— 如何养成好习惯	120
第三讲	掌握习惯把控人生 —— 如何戒除手机、网瘾	126
第四讲	青春期叛逆的孩子如何陪伴	136
第五讲	赢了孩子还是赢得孩子 —— 学会正面管教	145
第六讲	请不要再说：孩子，我对你没有要求	151
第七讲	别让语言烙印，影响孩子一生	162
第八讲	激发孩子内驱力，引爆学习热情	173

后记 ……………………………………………………… 181

幸福家庭

亲子关系

养育孩子

/第/一/章/

学做智慧家长　经营幸福美满家庭

伴随着子女的出生、长大，家庭也随之发展。在家庭发展过程中，家庭财富的增减对家庭是否幸福影响固然大，可是一家人的亲情之爱，却直接影响家庭的幸福指数。只要我们努力去爱每一个家人，爱这个家，一家人的亲情之爱就会油然滋长。到底要怎样"爱"，才能让全家人幸福洋溢、共享天伦之乐呢？让我们从三个方面分析经营幸福美满家庭的方法。

第一节　爱自己，让自己更美

爱家人、爱这个家的先决条件，是你必须先学会如何爱自己。爱自己就要想尽办法，让自己愈来愈美，爱与美是一体的。让自己的身体、相貌、声音、动作、语言、心情、思想、心灵与生活的每一片段，都愈来愈美。2020年8月，我因原发性肺癌住院手术，每一个家人都在担心我，我的心情直接影响到了家人的情绪。我不想让病痛的阴影笼罩着家人。一个月后，我就开始在家健身，渐渐地身上长了肌肉，人也变得更漂亮。早上起来，我会对着镜子微笑，对自己说，我对目前的状态很满意，给自己一个心理暗示，愉快地迎接每一天。也从这个时候起，我开始整理书稿，虽然每天像蜗牛一样行进着，但我很快乐。我的笑、我的美、我的快乐，丰盈了我的内心，让我走出了心情低谷。家里也随之充满欢声笑语，流淌着积极向上、向善的氛围。

太多太多的人，在结婚之后（为了照顾家人）没有把自己照顾好。更多更多的人，为了家庭，把自己弄得蓬头垢面、面容憔悴。身体不健康、身材走了样，心情不舒畅、自我不满意等现象影响了自己的美、失去了自我。虽说有千万个理由——为了家人而牺牲，可是一个不美又不照顾自己的人，以爱为名的奉献，却是所有家人都无法承受的"爱"。爱是共荣，你枯我荣，于心何忍？你荣我枯，又如何相配互爱呢？

第二节　爱家人，让家人更美

亲情之爱是家人之美的相互契合、相互发现、相互成长与相互享受。以自己的美，照亮这个家庭，才能引发家人之美，美与美才能相互滋长。我们先要优化自己的心灵、动机、行为与形象，才能进而去优化家人的心灵、动机、行为与形象。带领全家人一起创造与感受美的经验、心情、对话与活动，让自己美，促使家人美，家才美。

一定要注意的是，"爱家人"是第二个步骤。常见的问题是，很多人把爱家人当作第一个步骤，甚至当作"唯一"的步骤——只爱家人，那会很糟糕。我们首先应该主动去觉察每位家人的身心状态，积极去探索家人的家庭角色满意度与需求。然后努力调整自己的角色，让每个家人都因为"我"的身心状态，因为"我"所说的话、所做的事，而变得更美、更好。并且，更进一步去引领家人，互相激励，让对方更美、更好。

把"美"当作衡量每一个家人的标准："你今天看起来真美！""这个表情真美！""你这件衣服很漂亮喔！""听你说了这句话，我觉得自己都美了起来！""只要和你在一起，就觉得一切好美好美！""记得要更美、更美呦！""你看，妹妹从这个角度看，特别地美！""你们说，爸爸有没有越来越帅！""我们都觉得，奶奶越来越漂亮、越来越迷人了！""哇！迷死人了，你们看大哥那个酷样！""来，我帮你把头发整理一下，哈！好美啊！"通过适当的语言和行动，每一个人都可以有效地爱家人——让家人更美。

第三节 爱这个家,让家更美

爱自己、爱每一个家人,以及爱这个家,恰好是三个不同阶段。爱每一个家人并不全等于爱这个家。家是社会组织中最小的实体。家是由家人、住所、陈设、使用物件所组成的,尤其是以"我们一家人"的概念为核心所构而成的。人们常指称这是"我家",可是家不光是那栋房子、那个地址,家——就在家人的心里。

所以,一家人在一起聊天说话时,要主动密集地使用两句口头禅——我们家与我们一家人。例如,我和老公、儿子去逛街,我会调侃:我们一家子走在街上,两个帅哥、一个美女真是街上一道美丽

的风景。慢慢地儿子大学读书回来，他也会习惯用这样的思维说："我们一家人去看电影吧。"如果奶奶愿意，他一定还要带上奶奶。你看，只要有一个家人常说这两句话，就会引领全家人渐渐地也常用这两句话。嘴里常说，心里就会长存，行为就有明确的标准。从"我好美""你好美"，一直到"我们家好美""我们一家人都好美"，用适当的正向沟通语言，带领每一个家庭登入幸福之门。

/第/二/章/

亲子关系决定孩子的一生

父母是"原件",孩子是父母的"复印件",我们每个人和世界的关系问题,都能从童年和父母的相处方式中找到答案。孩子和父母相处的方式,也会投射到一个人的行为习惯、思维模式、情绪处理,以及与他人相处的模式上。

孩子在成长过程中,受父母的影响是最大的。父母爱的方式决定了父母与孩子的互动方式,而这些不一样的互动方式成了孩子不一样的内在解析,从而形成了不同的信念与价值观,孩子的人生就开始有了不一样的轨道。这也就是我希望家长们重视亲子关系的原因——养育方式真的能影响一个人的一生。

第一节　亲子关系决定了孩子与世界的关系

一个人和父母的关系就是他和整个世界关系的投射。

有一位家长因孩子的问题来咨询我，在谈话的过程中，我了解到她自己是父母和外人眼中的女强人，但是成为"女强人"的代价，只有她清楚。她从小就听着父亲的督促长大，最常听到的是"你要好好学习，不然以后找不到工作，谁养你""你如果很差，父母就不爱你了，社会就不需要你"。后来她考上了很好的学校，毕业后找到了让人羡慕的工作，结婚、买房、生孩子。但她发现，即使有成就，自己依然很焦虑。她永远在担心下一个项目能不能顺利，担心丈夫有没有时间陪家人，担心孩子的学业问题——这种焦虑又传递到了孩子身上。为孩子找好学校、报各种课外班，考不好的时候就给他加作业。到上初中时，孩子因为精神紧张患上了抽动症。她忽然发现自己就像一匹担惊受怕的马，一直在逼着自己前行，从未欣赏过草原上的风景。

她的行为模式与她童年时与父母的关系有关。

孩子跟父母对抗的方式，通常是被动的、隐秘的。他不敢正面跟父母起冲突，但他的内心会形成巨大的压力。

如果父母习惯了对孩子严厉苛责，孩子长大后就容易把所有的挑战、压力、批评，甚至一点点讨价还价，都视作道德问题，误会别人说的话、做的事，误认为对方的动机是瞧不起自己，不尊重自己。

有的孩子总被父母上纲上线地"教育"，一点点小事也被父母提高到"你是一个什么样的人"的高度。比如，贴上"你是一个不尊重父母的人""你是一个不爱学习的人"这样的标签。

我遇到的咨询亲子关系问题的家长中，常见的是："孩子不好管，孩子一做作业，我就会发飙、生气。"

表面上看，父母关注的是孩子的作业，实际上，这个问题的核心来自父母自身。关注一件事的表现方式有很多种，但这些父母选择了发飙和生气，这是因为他们自己还没长大。这样的父母，童年时往往总是被压迫、被欺负，他们的内心就是一个遇到困难无处倾诉的软弱、无助的孩子。

所以，我再次强调我的观点：一个人和父母的关系就是他和整个世界的关系。

现代自我心理学之父阿尔弗雷德·阿德勒（Alfred Adler）曾说："一切烦恼都来自人际关系。"人无法脱离人群、社会而独自生存，每个人只需要处理好两种关系，就能与世界从容相处。

第一种是自己和父母的关系。第二种是自己和他人的关系，包括与伴侣、孩子、同事、合作伙伴等的关系。

第二种关系是第一种关系的投射。一个人的人格是怎么塑造出来的呢？

我们会发现，父母与孩子交流时的语言和说话的方式，不仅会影响孩子的数学空间推理和读写能力的发挥，还会影响孩子约束自身行为和应对压力的能力，甚至孩子的毅力和道德品质也会受到影响。

父母对孩子的影响之大，远远超乎我们的想象。

第二节　父母的语言和行为模式对孩子的影响

父母对孩子的影响是最大的，有很多人在质疑父母对孩子的影响是不是真的有那么大。很多专家也认为，不要给父母施加那么大的压力了，很多孩子的问题，是被同伴、老师所影响的。同伴和老师的影响肯定会存在，但从我24年的教育经验及生活经历来看，孩子跟父母的关系是最核心的关系。

孩子一生的学习、行为以及健康状况都建立在与父母积极的、相互回应的、礼尚往来的基础之上。

日常生活中，孩子会带给我们很多惊喜，让我们忍不住夸赞。不过赞美孩子也有大学问，研究表明，总是说"你真棒""你真聪明"并不利于孩子的长远发展。取而代之，我们可以赞美孩子努力做事的过程，或是思路等等。

到了我们这一代，基本上都知道教育孩子要"正面激励"，但是整天"孩子你真棒！""宝贝，你太厉害了！"这么一味地夸，真的好吗？万一哪天没人夸了，孩子心里难道不会有落差？所以，夸孩子也要讲究方式方法。

如何表达才是对孩子最适用的夸奖方式呢？

一、学会夸具体不夸全部

"宝宝你真棒"这样的表扬对家长来说真是轻车熟路。在家长眼里，孩子的每一个成长细节都是值得惊叹和赞美的——宝宝会笑了、宝宝会翻身了、宝宝会蹦了、宝宝说话了……就是在这种不断的惊喜中，家长已经习惯于对着孩子说出"真棒！""真好！"这样的评价。

家长随口的夸奖，可能意识不到会带来怎样的消极影响。直到有一天，发现孩子变得害怕失败，经不起一丁点儿挫折。所以，笼统地表扬孩子，比如"你真棒"，会让孩子无所适从。

有时孩子只是端了一次饭，妈妈与其兴高采烈地表示"好孩子，你真棒"，不如告诉他"谢谢你帮妈妈端饭，妈妈很开心"。有针对性的具体表扬会让孩子更容易理解，并且知道今后应该怎么做，如何努力。

二、学会夸努力不夸聪明

"你真聪明！"——又一个家长惯用的评语。家长对孩子的每一个进步如果都用"聪明"来定义，结果只能是让孩子觉得好成绩是与聪明画等号的，一方面他会变得"自负"而非"自信"，另一方面，他们面对挑战时会采取回避，因为不想出现与聪明不相符的结果。

美国的研究人员让幼儿园孩子解决一些难题，然后，对一半的孩子说："答对了8道题，你们很聪明。"对另一半说："答对了8道题，你们很努力。"

接着给他们两种任务选择：一种是可能出一些差错，但最终能学到新东西的任务，另一种是有把握能够做得非常好的。结果2/3的被夸聪明的孩子选择容易完成的；被夸努力的孩子90%选择了具有挑战性的任务。

三、学会夸事实不夸人格

"好孩子"这样的话是典型的夸人格,家长们会无心地将其挂在嘴边。但"好"是一个很抽象的概念,如果孩子总被扣上这样一顶大帽子,对他反而是种压力。

成年人也是,当领导不断夸奖你时,开始还会沾沾自喜,但慢慢地就会感觉到压力,甚至不想做得完美,以便得到喘息的机会。如果家长的称赞总是"言过其实",孩子也会有压力,觉得自己不配这样的赞美。他们会怎么办呢?那就是在你刚刚赞美完他的时候,他就做出让你头疼的事情,以示"真诚"。

父母每天都在用语言定义和描述着孩子,很多孩子逐渐变成了父母所描述的样子。有的孩子被这些语言"驱赶",最后成了语言里所塑造的那个人。

除了语言之外,父母的行为模式也在影响着孩子。我们想一想,孩子和世界相处的方式是向谁学的?待人接物是向谁学的?对待别人的不同态度,会如何反应?

孩子每时每刻都在学习。

孩子在与父母互动的过程中学习,如果孩子做错了事,被父母打哭了,他就学会了一件事:谁有权力,谁就说了算。父母不高兴,就把孩子关在门外,说"我不管你了",他孤单地在门外哭。这时,他又学会了一件事:生气的时候,要马上翻脸。

这些错误的互动方式,会让孩子的是非观、情绪处理能力等都出现偏差。

孩子是父母的"复印件","复印件"上的信息如果有错,一定是

"原件"出了错。

父母的语言在塑造孩子,父母和孩子的每一次互动,都在影响着孩子。孩子在观察父母的反应、模仿父母言行的过程中,建立了自己的世界观。

第三节　所有的关系都是原生家庭关系的投射

　　随着《以家人之名》热播，原生家庭的问题再次引起热议。凌霄妈妈陈婷因为外出打麻将，把儿子凌霄和3岁的女儿锁在家里。结果小女儿吃核桃被卡住喉咙，哥哥凌霄无法出门呼救，看着妹妹活活噎死在家里。因为无法承受丧女之痛，也走不出自责的情绪，陈婷转而歇斯底里地抱怨丈夫不着家，还恶狠狠地指责儿子杀死了妹妹。至此，原生家庭围绕着小凌霄的，只有父母无休止的争吵和未能救活妹妹的阴影。

　　正如托尔斯泰所说的那样，"幸福的家庭都是相似的，不幸的家庭各有各的不幸"。

　　在现实生活中，有人和小凌霄一样，在父母无休无止的争吵中捂紧了耳朵；有人和《阳光普照》中的阿豪一样，在父亲的极端望子成龙中悄无声息地窒息；有人和《隐秘的角落》中的朱朝阳一样，在破碎的家庭里，忍受着父母的忽视。也有人和《小欢喜》中的英子一样，在藏于"我都是为了你好呀"背后，以爱为名的绑架中，大喊"我就是想要逃离你啊"。

　　而更多人面对的，还是以上种种情况的一套组合拳。于是，家不但没有成为港湾，反而成了一辈子都想逃脱的噩梦。家带来的伤害那么刺眼，又是那么普通，随时发生，甚至都不是"故意"的。

　　其实，很多人和配偶、孩子的关系都是原生家庭关系的投射。

有的妈妈一辅导孩子写作业，就立刻从满目慈爱变得张牙舞爪，一股火"腾"地一下就蹿了上来。

任何人都要小心自己出现这种莫名其妙的感觉。记住这个词：莫名其妙。

有人问："金老师，我怎么总是莫名其妙地生气？"我说："莫名其妙生气是表象，往深里探索一下，一定有潜意识在等着你。"

有位家长发微信给我说："气死了，孩子作业不会做，我发飙了。女儿大哭，丈夫摔门走，全家人都不高兴。"

我说："你是一个修养那么好的人，怎么就突然发飙了呢？"

她说："我也不知道为什么，一股火'腾'地一下就上来了。"

我问："你和你爸妈的关系怎么样？"

她说："我和妈妈的关系还不错，但爸爸很凶。记得小时候，只要作业做得不对，他一定会发飙。我9岁的时候，有一次，爸爸把我的作业本当场撕碎了。"

我说："所以，当你指导你的孩子写作业的时候，就变成了当年那个9岁的小女孩。你的闺女现在14岁了，这等于是一个9岁的妈妈在教一个14岁的女儿写作业。一旦女儿出现作业做得不对的情况，你心中关于作业的所有负面感受就全部冒了出来。"她听完，表示赞同。

很多父母常常对孩子说："你怎么又犯这个错，我有没有提醒过你？我跟你说过多少遍了？"这样的话背后的潜台词是："这事你不能怪我，要怪就怪你自己。"

这是父母在跟孩子划清界限。父母觉得自己不能被批评，因为从小到大面临批评的感觉太恐怖了，恐惧的心理已经占据了他们的潜意识。

所以，当孩子出现问题时，父母第一时间是撇清关系，迅速找到一个可供指责的对象，这就成功了。孩子写作业时，父母发飙往往就是如此。

其实，父母盯着孩子，让孩子"忍辱负重"地写作业，起到的是反作用。孩子会用80%的精力来应付父母，他脑子里想的不是怎么做题，而是"怎么能让我爸（我妈）别发飙""怎么能让他（她）别生气"。

有的孩子回家一写作业就紧张，浑身上下都不舒服，怎么可能去安安静静地学习和读书呢？父母越凶，孩子理智脑发育得越慢，学习的困难就越大。

很多初中孩子做作业做到晚上11点多，不是因为作业多，大多数情况是因为孩子边玩边做。这样肯定慢，再加上旁边有个人一直在唠叨，就更分散他的注意力了。日积月累形成的模式，就是孩子以为做作业就是要有人盯，没人盯就什么也做不了。

有些家长习惯性地选择"盯"这种方式，基本上就是把自己的原生家庭紧张的管教模式延续了下来。

和父母相处的方式也会投射到一个人与同伴相处的模式里。

在和同学、老师出现摩擦的时候，常常会出现这样两类人：第一类人采用包容、接纳、积极的心态，选择和同伴共同承担责任；第二类人马上说"这件事我可没责任，这是其他同学的问题，是爸妈的问题，是老师的问题，是学校的问题……跟我无关"。

后者为何习惯性地推脱责任呢？他还是一个孩子时，在与父母互动的过程中，他犯了错就不被接纳，于是他得出了这样的结论：一旦自己被证明是错的，就不再值得被爱了。他的潜意识告诉他，一定不能认错。他从小到大最怕的就是被别人指责。

当一个人把犯错等同于不被爱，或是把犯错等同于不被尊重，把两者错误地连接在一起时，就会对自己苛刻地上纲上线。我们每个孩子以后都要进入职场，每一个职场人都明白，工作中谁不会犯错？只要做事就容易犯错，重要的是之后接着好好干，争取干得更好就可以了。但是，从小受伤太深的孩子不会这么想，他认定万一出了错，自己的个人形象就会坍塌，再也无法挽救了，大家都会排斥他。于是，他所有的力气都用来捍卫自己没错！这就是该种类型的人很难与同事合作的原因。

一个人如果和父母之间的关系出现了问题，他和钱的关系也会出现很大的问题。

很多人会说："我愿意努力赚钱，我渴望成功，但就是赚不到钱。"他只是假装很努力，他的潜意识被父母施下了一个种子般的魔咒，这个魔咒就是父母曾经说的："你现在学习不努力，将来能挣到钱才怪。"

这对于孩子来说，是一种压迫性的语言，但偏偏就是有些父母爱对孩子使用这样的语言。于是，这样的孩子从小到大都觉得自己不能赚到钱。即使他真的有机会赚到钱了，也会莫名地觉得不舒服、不适应，会想办法把钱用高风险投资的方式"散"掉，甚至去赌博。

太多暴富的家庭或者暴富的公司，很快就垮了。究其原因，主要是他们自身与财富的关系并不融洽，缺乏长期持有财富的能力。尤其是那些从小到大受到父母的打击，觉得自己配不上美好、轻松的生活的人。

所以，很多关系都是原生家庭关系的投射。

第四节　我们的思维模式由父母决定

一个人的思维模式，展示了这个人是积极地生活，还是消极地处事。这一切，都藏在与父母的相处模式、父母的行为模式和语言里。

有一次，我们班上有位同学的校服被偷走了，她找不到校服就不敢去上学，让妈妈帮她请假。她妈妈后来告诉我，她哭着对妈妈说："我和你是不一样的，我是一个底层的人。"

妈妈听了特别心痛，但她忍着泪水，对女儿说："我们是一样的人。"

在妈妈的鼓励下，她鼓起勇气开始反抗欺负她的同学，过了一段时间，再也没人敢欺负她了。

聪明的妈妈在得知女儿被欺负后，既没有气到替女儿出头，也没有向老师告状，更没有责怪女儿太软弱，而是用有力的话语去鼓励孩子，让她自己去思考、解决问题，自己走出困境。因为这位妈妈明白，在人的一生中，总会遇到各种各样的困难，遭到各种各样的刁难。有人畏难而退，有人迎难而上。有人在难题面前一筹莫展，有人却是急中生智解决难题。

这一切，大部分的功劳，都应该归功于童年时的经历，归功于父母对孩子的教育。

一个打碎了花瓶的孩子，父母是直接追问责任人、要求认错，还是对孩子说："宝贝，有没有吓到、伤到，我们一起把碎渣清理了，以免再伤到其他人。"久而久之，在前者语言环境下长大的孩子，遇事时，会下意识地去推卸责任，因为承担责任有可能会被罚。而后者则会懂得，发生任何事，都不必害怕，解决问题就是最好的结果。

一个考试成绩不理想的孩子，父母是劈头盖脸地质问"怎么才考这么一点，你怎么这么笨"。还是对孩子说："考得不好，你也很沮丧对不对，要不，我们一起看看问题出在哪里？"前者，永远不会知道，为什么自己努力学习、坚持写作业，仍然考不到高分。后者，感受到了父母的理解和接纳，即便仍然成绩不理想，他们也会活得有力量。

在我的人生经验中，世界上美好的事情，大多是轻松得来的。如果你使特别大的劲儿，想获得一样东西，要么是因为它不够美好，要么它根本不适合你。这个观点我和有关专家很一致，真正好的东西都是轻轻松松得到的。

有次，我为我们区的班主任老师们做讲座，说到我目前担任的工作，既当班主任，有教学工作，还要兼顾德育处、学校工会、区名班主任工作室、志愿者活动组长等工作时，很多老师说，这些在他们学校要好几个人来完成，"你很辛苦吧"。我说我做得轻松、愉悦，可没人相信，大家都觉得不可能。

大家都知道中学的高级教师很难评上，我就是平时快乐认真地工作，自然而然地积累材料，第一年就轻轻松松评上了。

大部分人认定我的一切荣誉必须是辛苦得来的，我说我不辛苦，别人不认同。因为，很多人从小到大都没有接受到"人可以轻轻松松、快快乐乐地生活"这样一个观念。

你要问有的人："你是想轻松得成功，还是想艰苦得成功？"

答案一定是："我想轻松得成功。"

但是，你去看他的动作和行为，一定是往艰苦的路上走的。

为什么呢？因为他的潜意识里只相信艰苦能带来成功，认为"吃得苦中苦，方为人上人"，所以，他不相信人轻松地工作，就能获得成功。

最初做班级"小组团队合作"的时候，我想的问题很简单：我怎样能轻松地当好班主任；我用一种什么样的教育教学创新方式，让老师能轻松地讲明白知识，学生能快乐地接受知识。

我给班干部培训的时候，心里想：怎么做才能让班干部尽快成长，等他们成长得越来越好，能做到的事情越来越多的时候，让他们去带团队，去帮助团队成员快乐学习，这样班级就会越来越好。

这时候，根本不用盯着任何人、管着任何人，大家会自动成长起来，越做越好。这就是轻松的思维。

但是，如果换一种艰苦的思维方式，会怎么样？

很多老师在管理班级时，首先想到的就是早自修学生会不会不认真，要盯着早自习；学生会不会抄作业，要盯住学生；老师上课，有没有人不认真听课，要趴在窗口盯一下等等，一天到晚忙不完的琐事。

这用的全是父母监控孩子的那一套方法。

在这种"艰苦"的思维模式下，班主任当然累了，因为不但要盯上课，还要盯所有的学生各种小事。导致的结果是"假想敌"越来越多，心情焦虑，经常发火，学生不喜欢你，教育教学效果差。

换种"轻松"的思维模式，班主任或家长适当"示弱"，孩子的能力就会被激发，自己解决问题的欲望被唤醒，何乐而不为！

/第/三/章/

养育孩子是复杂的生命体系

长大不是一个瞬间,而是一个过程。做父母是一场奇妙的旅程,如果你想寻找既简单又轻松的方法,那就要了解养育孩子这个复杂的体系。

养育孩子,绝不是"别人怎么做,我照做就行"这种简单、粗暴的逻辑就能概括的。每个孩子都是独立的个体,都有自己的感受,都需要被接纳、被尊重、被理解。

当父母误以为教育孩子是简单体系,用机械化的模式来应对时,孩子的生命力就会被扼杀掉。我们真正应该给到孩子的,是幸福的能力。要有给予别人幸福的能力,有让自己幸福的能力,还要有享受幸福的能力。

幸福不是人生中没有问题,而是我们教养孩子知道怎么解决这些问题。

第一节　养育孩子是一个复杂体系

养孩子是一件复杂的事,但大人通常只用简单的手段。"简单的手段"听起来很容易理解,很多人觉得"简单的手段"就是指对待孩子的态度简单、粗暴。

其实,我们从小到大所受的教育几乎都是在简单科学的范畴之内进行的,甚至微积分、高等数学、牛顿力学等,本质上都是简单体系。

如果你想搞清楚汽车是什么样的,就要搞清楚底盘、轮子、发动机、变速箱、电动机、车壳、电子系统等。把每一个系统都搞清楚了,再用全世界最好的技术将装配过程搞明白,整辆车就被理解得差不多了。

这就是简单系统,简单系统的特点是可追溯,能够找到因果关系。比如,上游做了改变,下游就能看出反应。

一个公司也常常如此,公司有CEO,有人力资源,有财务部门,有营销推广部门……所有的板块组合在一起,公司貌似就能成立。

人们在机械论的影响下,看到一个东西,首先想到的是怎么把它拆分成一个个部分,再怎么把每个部分都做得更好,做好以后组合起来即可。所以,很多人做事都很简单。比如,看看别人怎么做,自己照做就行。

有一件很有意思的事。我遇到一个家长,他问我:"金老师,你家孩子小时候几岁上学？小学上的是什么学校？中学上什么学校？大学上什么学校，学什么专业？"

我说："你为啥好奇这个？"

他说："我想模仿您，去安排我孩子的求学轨迹。"

他希望自己能给孩子安排好一切，但这么做，对孩子真的好吗？

这是两回事。我们太容易陷入"简单"了。

我们建工厂，生产车，制造火箭，甚至送人上月球，听起来很难，但依然属于简单体系。

那什么是"复杂体系"呢？

生活在南美洲亚马逊河流域热带雨林中的蝴蝶，偶尔扇动几下翅膀，可能在两周以后会引起美国得克萨斯州的一场龙卷风。怎样能让龙卷风消失？把蝴蝶杀死？当然没有那么简单。

因为从蝴蝶扇动翅膀到龙卷风，这中间所传递的因果关系不可追溯，你根本不知道这是怎么发生的。

这个现象让我们知道，我们无法像过去解决问题那样，把整个过程分解成小段落，再分段研究这些到底是怎么发生的。

当一个体系复杂到一定程度后，简单科学的原理就无法解释它了。就像有时，社会上的某个新闻突然被曝出来，全社会的人都在关注。没有人能画出一张信息传播的路线图，到底是谁传给谁，谁再传给谁，最后却实现了全面覆盖。

我们去观察自然界，自然界的东西几乎都是复杂体系。

有一次我去呼伦贝尔大草原，导游带着我开车从草原上经过。导游说："你们看那一片地方，草都没有了。"我问："为什么？"

导游说:"人们想保护这片地方的草,就把羊赶到很远的地方去,结果这片草全死了。"大家看,不让羊吃草是我们的简单的想法,但是,由于大自然是复杂的,最后的结果是这一片被保护起来的地方,草死得更快。

这就是复杂体系对简单操作的回应。

沙丁鱼群的生存也有这样的特点。

海底的一群沙丁鱼在一起游。这时候,来了一条鲨鱼。鲨鱼过来吃沙丁鱼的时候,沙丁鱼怎么办呢?

沙丁鱼自然散开,成了一个洞,鲨鱼没咬着鱼就钻过去了。然后,它掉头再过来咬,又钻开一个洞没咬着。

沙丁鱼可以完美地做出这个动作,可是沙丁鱼没有智商。

沙丁鱼的原则很简单,就是三条规则:

第一条,跟紧前面的鱼。

第二条,跟旁边的鱼保持等距离。

第三条,让后面的跟上。

把这三个条件输入计算机后,神奇的事情发生了,代表沙丁鱼的系统可以躲避鲨鱼,只要有鲨鱼过来,它们就会散开。对于复杂体系的沙丁鱼群来讲,它所遵守的规则就是如此简单。

复杂体系能够生生不息地迭代,却有着非常简单的内核。

人类是怎么来的?

达尔文提出的自然选择理论告诉我们,人类是在生物变异、遗传与自然选择作用下演变发展不断进化而来的。慢慢进化变成了今天这个最复杂、最成功的物种。

人类的进化速度之所以看起来没有那么快，是因为我们每一代要隔大概20年的时间，才能进化出一代。这就是复杂体系进化的过程。

教育孩子是一个典型的复杂问题。在孩子的成长过程中，我们无从判断孩子受哪一件事、哪一个画面、哪一句话、哪一段旅行、哪一种体验的影响，刷新了他的价值观。

无法追溯，也难以验证。

然而，复杂的问题出现了，我们总想以简单系统的方法来应对。

比如，给好孩子下定义，好孩子就是数学好、语文好、英语好、体育好……把孩子学习的内容拆分成一门门的学科，用成绩来验证。此外，还用考等级证的方式来验证，比如钢琴、美术、跆拳道考级等。

我们就这样，把复杂体系的问题简单化处理，约束了孩子的成长。导致的结果是有的孩子学习成绩很好，拿了很多证，但性格并不阳光、乐观，甚至还去打人。还有的孩子考上了很好的学校，却陷入了抑郁的状态。父母可以稍微权衡一下，是孩子的生命感受——幸福、快乐重要，还是某个证书或某种证明更重要？

况且，如果一个孩子快乐幸福、阳光健康，他也可以拿到名牌大学的文凭。这本不是一件矛盾的事，问题是大量的父母认为，"我不盯着孩子，孩子就做不到"。

有一个妈妈把孩子送进了一所名校，很多人都围着她请教，说："传授点经验吧，把孩子培养得这么优秀，你是怎么做到的？"

孩子的妈妈特别得意，说："高三这一年，盯死他，别管他想要什么,别管他说什么,一律盯死,保证他除了学习就是学习,肯定能考上名校。"

妈妈觉得很得意,终于成功了,她的孩子坐在她身边,表情却很僵硬。

实际上,用这样的方法管教出来的孩子,上了大学以后往往不学习。即便迫于学分的压力不得不学习和考试,也会排斥学习这件事。即便学习,也可能只是去接触一些让他轻松和愉快的知识,而不愿意再去探索更难的东西。

他的知识水平停留在高三这一年了。所以,有些人一辈子汲取知识最多的阶段,就是高三那年,之后就再没有进步过了。

这就是简单体系塑造孩子的结果,把一个孩子学习的快乐和美好都破坏了。

理解复杂和简单,是我们教育孩子的基础。这样,家长就不会患得患失。比如,突然听到别人说初一年级要养成良好的学习习惯为初中三年打基础,初二要盯住孩子不要早恋,就开始莫名的紧张。

当父母把教育孩子理解为机械化的模块知识组合时,孩子的生命力就会被我们扼杀。求知已经不再是求知本身,而是为了获得一个东西:获得一张文凭、一种奖励,或者让父母有面子。导致的结果是孩子再也不会爱上求知这件事。

在生活中,当孩子的所有行为都来自外部的规范时,孩子就没有自我成长的空间和力量了。因为他所有的行为举止,只源于明确的指令和规定,他没有管理自己的能力,就无从谈起自信和独立能力的养成。

很多家庭所面临困境的根源就在于此，把养育孩子这一复杂体系用机械化的简单体系来代替了。

第二节　学会放养式教育，生命才会充满活力

放养式教育，是指让孩子在一种宽松的环境中成长，让孩子从小就适当地接触自然、社会，较早地接受社会锻炼，有别于严厉的、教条式的应试教育。

放养教育本身是没错的，但一定要有合适的度，有边界、有规矩。

如果真的希望孩子变得越来越好，就不可能一味放手，任由孩子释放天性，要做到以下几点：

一、教会孩子懂得并理解规则，培养他们的敬畏之心

让孩子理解规则，是教孩子认识世界的第一步，也是教会他们保护自己的重要一步。

就像告诉孩子，马路上是不可以随意跑动玩耍的，因为车很多，速度又很快，如果随性玩耍，很容易被车撞到。所以为了保护我们自己，走在马路上的时候，要遵守交通规则，这样人和车才可以在马路上和平相处。

父母对孩子的期望，不过是希望他们健康快乐成长，如果说健康快乐成长是硬币的一面，那么理解并遵守规则就是另一面。

只有教会孩子理解并遵守规则，才能保证他们能健康快乐成长。

孩子最开始是没有敬畏之心的，就像他们只喜欢可爱的小动物，对于他们不喜欢的小动物，可以随意踢打，甚至杀死它们。

如果不教会孩子敬畏生活、敬畏生命，释放天性的放养式教育，只会成为让孩子变成恶魔的训导方式。

二、帮助孩子养成好习惯，教他们意识到分寸感和界限感

每个孩子都爱玩，天生排斥好习惯，可是一旦好习惯养成，对于孩子来说，将是毕生可用的财富。

学会长久地坚持和认定目标做事情，对孩子来说无比重要。不要让放养式教育，成为父母偷懒的借口，教会孩子分寸感和界限感更重要。人和人、人和物之间都会有各自的安全领域存在，一旦没有分寸随意跨越边界，便会引来无数麻烦，还如何让孩子快乐生活。

希望孩子快乐成长，请先让孩子改掉自身的不足之处，建立自己的好习惯，意识到分寸和界限的存在。只有这样，在未来，他们才会有能力去快乐生活。

三、保持好奇和求知欲，让生命充满活力

爱因斯坦被人称为这个世界上自古以来最伟大的人之一。爱因斯坦曾在一封给朋友的信中写道："我没有特别的才能，我只是有热切的好奇心。"

1879年3月14日上午10时30分，爱因斯坦出生。童年时期，他就经历了一些让他印象深刻的事情。当爱因斯坦的父亲把一个指南针拿给他的时候，他十分惊奇：为什么没有任何人拨动指南针，指针却能总是转向同一个方向？

如果每个孩子都有这样的好奇心，那么，他们成年之后会怎样呢？

我们可以看看，在1910年的夏天，爱因斯坦在关心什么——他

开始研究天空为什么是蓝色的!

天空为什么是蓝色的?这种问题几乎是我们孩童时期才关心的事,长大了之后,谁管天空的事呢?

大家都忙着去生活,去赚钱。但是,在爱因斯坦的生命中,他对宇宙、星空有非常强烈的好奇心。他是物理学家,虽然他没有品尝到自己的理论所结出来的果实,但是人们对于宇宙最深处的设想,包括黑洞、褐矮星、暗能量和暗物质,都是以爱因斯坦的认知为基础的。

大多数人都无法对周围的一切保持不断、随意的好奇,更不会好奇天空为什么是蓝的,还会说"这跟我有什么关系"。

可这跟爱因斯坦有什么关系呢?看上去也没关系啊。但是,这跟求知有关系。爱因斯坦是为了求知而求知。他觉得好玩,这事儿有意思,所以他在努力研究这件事。同时,他的父母给了他教育留白的时间和空间。

而我们不具备为求知而求知的能力和乐趣,我们学习知识的时候往往要问对我们有没有用。

大多数家长都遵循简单系统里的实用主义,学会了选择当下对自己孩子有利的,学会了交换,学会了计算,可最后,孩子的整个人生少了很多生趣。

爱因斯坦等科学家们是纯粹为了美好而美好、为了求知而求知的人,是我们应该学习的复杂体系之下成长出来的生命。他们不是由外在的模块所组成的机械化的人,而是有着自我进化的逻辑和力量,他们充满活力!

真正的放养式教育,放的是孩子的思维,养的是孩子的习惯。卢梭说过：世上最没用的三种教育方法就是讲道理、发脾气、刻意感动。而简简单单的言传身教，却是最有效也是最难实现的。简而言之，你希望孩子变成什么样，你就要做到什么样。

如果做不到"放思维养习惯"的收放自如，不如踏踏实实教育孩子，给他们高质量的陪伴，不要用名义上的陪伴去代替；不要再为自己的懒惰找借口，对于孩子的教育，我们必须做"行动上的巨人"。

关于那些熊孩子，如果不想让他们继续熊下去的话，家长该管的时候，是必须要管的。

每一个孩子都是天使，但也隐藏着恶魔的一面，良好的教育就是要让天使战胜恶魔，幸福快乐成长。

第三节　植入孩子生命最重要的三根支柱

养育孩子是一件庄严的事情，大人要用对待生命体的态度来陪伴孩子成长，而不是用对待机械体的方法来解决单个问题。这样，孩子才能健康地成长。

有家长曾问过我："既然教育孩子是复杂系统，那我就对孩子放养，不管他，让他自由生长可不可以？"

当然不可以。

盲目放养绝对不是承担父母责任的方法，那样父母就无法帮孩子建立起复杂体系所需要具备的精神内核了。

父母是孩子成长的第一责任人。教育，从来不是孩子的功课，而是父母的修行。最好的教育，其实非常简单，那就是家长的自我成长，是一个生命影响另一个生命、一颗灵魂唤醒另一颗灵魂的过程。

在动物世界里，老马养小马，要教会小马走路、吃草、跑步。老鹰养小鹰就更复杂了，要教会它飞翔，即使那是非常困难的一件事。

人是非常依赖母体的动物。人和其他动物比起来，最大的差别就是，人刚出生时没有生存能力。有的动物生下来就会走，就能自己去找吃的了，人不行，人要长到两三岁，才有可能说清楚话，才会表达、会求助。

父母一定要知道自己的责任所在。那么，父母要承担什么样的责任呢？

简单体系是靠不断地增加规则，不断地研究一个模块和另一个模块之间的关系来解决这一问题的。

复杂体系则是给生命注入最重要的原始动力。

宇宙的发端到底是什么？天文学家回答的大意是，其实人类还没研究清楚，但如果宇宙有发端的话，一定不超过三行代码。

复杂的宇宙是由三行代码开始，经过不断迭代，逐渐迭代到今天这么复杂的样子。就像人类从一个大分子开始，经过遗传、变异、选择这三步，迭代到了今天复杂的样子。

所有的复杂体系，都要尽量去找最早的那三行代码，找到最原始、最重要的东西到底是什么。那么，人所需要具备的那三行代码到底是什么呢？

我参考了许多儿童教育心理学方面的书，得出我个人认为的最重要的生命三根支柱：无条件的爱、价值感和终身成长心态。

什么样的爱才是无条件的爱？

很多父母会觉得，他们给孩子的当然是无条件的爱。

可是，我们真的爱孩子没有条件吗？

比如，孩子的成绩差，你还爱他吗？孩子闯了祸，把别的孩子打破头流了血，你还爱他吗？孩子如果误入歧途，你还给他机会吗？

很多家长一定会说："是，我还爱他。"

父母的内心觉得自己是爱孩子的，而且无条件地爱他，就算孩子犯了再大的错，家都是孩子最后的港湾。有很多父母跟孩子甚至都断绝关系了，到最后还要把遗产留给孩子。

但我们反思一下，我们平常跟孩子表达出来的，是无条件的爱吗？

很多父母对孩子是无条件的爱，却没有通过正确的方式来表达。父母说的往往都是威胁性的话，比如"你要再这样，我就不爱你了""你要再这样，我就不管你了""你要再不听话，我就把你送人了"……

有一次，我听见一个朋友的孩子，才四五岁，跟他爸爸吵架："从现在开始，你不是我爸爸了。"大家一听这话，都觉得小孩子好可笑，大人都在笑。我听到后，就判断，孩子能说出这样的话，一定是身边有人对他说过类似的话，比如"从现在开始，你不是我儿子了"。所以，孩子才把这句话当作一个惩罚的方法，拿来对付自己的爸爸。

其实，此刻的孩子很认真，是真的在生气，但父母没有觉察，只觉得好笑、好玩，觉得孩子还会学自己说话。

仔细分辨，这种话所表达出来的爱就是有条件的，比如"如果你不听话，我可以抛弃你"。

有次在街上，看到有个孩子和妈妈起冲突，妈妈就作势把孩子抛弃在大街上，甚至有的妈妈还会自己藏起来，让孩子找不到她。

这是多么残忍的事。孩子在大街上茫然无措，长达几分钟的时间看不到妈妈，很有可能会给他造成一种心理学上的伤害，叫作"资格感缺失"。就是感觉自己没有幸福的资格，甚至没有活下去的资格。资格感缺失严重的人甚至会自杀。

我们每个人一定要清清楚楚地确信自己是被爱着的，自己是具备爱的能力的。

我相信翻开书来学习的人都有机会变得越来越好，因为如果了无生趣，一个人不可能买来一本书，一页页地学习。一个人能学习，证明他有主动学习的意愿，也证明他内心有足够多的能量。

一个心中没有能量改变自己的人，是不可能对学习有兴趣的。他会觉得那都是骗人的，看了也没用，根本改变不了自己的生活。

资格感缺失的一种表现，就是一个人没有了学习的能力，没有了改变的能力。

曾经，有个三十好几的女孩向我倾诉，说她的感情很不顺利，每次别人介绍给她的对象都是"歪瓜裂枣"，都不优秀。她的内心非常痛苦，不明白自己的情感为什么总是受挫。

我就帮助她去探寻内心。后来，这个女孩找到了她内心最深处的伤，她说："爸妈在我很小时就离异，爸爸讨厌我是女孩子，愤怒的时候，说过让我去死。"

这个女孩为什么感情总是不顺利？原因是她不觉得自己能找到一个正常的男人，她对于正常的生活并不习惯。

习惯对一个人是非常重要的，当一个人面临两条路要选择的时候，很少会去理性地选择，大部分时间都是跟着感觉走。那么，跟着感觉走，就一定会按照熟悉的路线走。

当一个孩子从小到大没有深刻地体验过幸福、轻松，没有感受过被宠爱时，他就容易走上那条艰难的路，因为这条路才是他熟悉的，他习惯了受伤害。

令我们无比心痛的是，太多孩子习惯了被边缘化，习惯了成为不受欢迎的人。因为他们从小到大都被父母指责、不公平地对待、埋怨，比如说："成绩这么差，你将来长大了，看你怎么办，你肯定没出息。"

当父母给出"你肯定怎样"的评价时,就是父母对孩子的一种诅咒。

这种诅咒完全表达不了爱,父母所表达出来的就是"我对你感到很失望,你不会给我带来任何好的感觉"。孩子得不到爱的能量和祝福,到最后,他就会选择过痛苦或者平庸的生活。

重建亲子关系模式
植入人生三根支柱

/第/四/章/

父母无条件的爱让孩子有安全感和归属感

父母对孩子无条件的爱,需要把孩子放在没有对错的世界里,把孩子当成孩子来爱,当成一个生命来爱。不因他们的行为不好,不因他们成绩好坏,不因他们的能力大小,就有所区别对待。父母无条件地爱孩子,不是说无条件地爱他们的行为。行为有对错,社会有规则,只要孩子有能力为他们的行为承担后果和责任就可以。无论孩子行为好坏,父母都爱孩子这个人本身。

无论孩子是在什么状态,具有什么样的行为,父母都能看到孩子的闪光点和积极面,看到他们即使在不好的境遇下也有向善向上的一面。相信所有的生命都有向上的本性,都有实现自我的本性。

什么叫"无条件的爱"呢?无条件的爱,是指你对孩子的爱里没有交换、没有恐吓,也没有威胁。只有你无条件地给予孩子爱,孩子才会对你无条件地信任,无条件地依赖,孩子内心才会充满力量。

第一节　真正的爱是不需要交换的

亲子教育中植入的第一根支柱是无条件的爱。在无条件的爱中，不需要交换是非常重要的原则。很多父母喜欢跟孩子交换，对孩子说："这学期成绩考得好，爸爸给你买手机，带你去旅游，给你买球鞋。"到期末一看成绩，立即说："成绩这么差，还想买手机？不买了。还想去旅游？不去了。"在父母取消奖励的那一刻，孩子立刻能感觉到父母爱的是什么——父母爱的是成绩，根本不是自己。

不管是孩子心心念念希望得到的手机，还是心心念念想跟父母去旅游，如果一个孩子把奖励的那种场景都幻想出来了，只是因为没考好，就什么都没有了，这种伤害是很大的。孩子感知到的是，父母只是要求自己去获得好的成绩，这一切都是为了父母的面子。其实，对孩子来讲，面子并不重要，大人才在乎面子。

所以，当父母总是用这种交换的手法来鼓励孩子的时候，导致的结果就是孩子认为做所有这一切对的事都没有意义、没有快乐，也没有幸福感。纵然成绩考得好，他也感受不到来自知识本身的快乐和自己自尊水平的提高，因为父母的交换原则是以物质奖励为基础的。

接下来，如果没有奖励，考第一名也没什么意思了。父母逐渐让孩子把非常重要的东西忽略了，反而去追求那些不重要的东西。

什么是非常重要的东西？求知。

了解这个世界，获得学习的能力，知道自己很厉害、很棒，这是非常重要的东西。

如果父母的行为传递的信号就是这些可见的自行车、球鞋、多玩10分钟平板电脑。父母用一切可以调动的千奇百怪的手段，跟孩子交换一个又一个条件。最后，孩子完全迷茫了，根本不知道什么是对、什么是错，什么重要、什么不重要，什么是美好的、什么并不美好。

我有一次和朋友几家人一起去旅行，在一个风景区，其中一位妈妈喊孩子一起合影。孩子说："我可以和你照相，但是你待会儿让我玩15分钟手机。"（连跟妈妈照相这样一件事都要变成用玩15分钟手机来交换。）妈妈说："滚蛋，滚蛋，我不用你照相，也不让你玩手机。"

变成这样的情况，自有其逻辑。孩子们的逻辑性是非常强的，他们天然学得会很多你没有刻意教的东西。比如，小孩子真的特别喜欢吃红烧肉吗？小孩子真的不喜欢吃蔬菜吗？原因有时候很简单，孩子的逻辑，就是认为被用来做奖励的东西一定是好的。

很多家长在孩子小的时候，都是命令孩子必须把蔬菜吃完才允许吃红烧肉。其中就蕴含着这样的逻辑：蔬菜不是好的，你得忍耐，把它吃完是不容易的，但是吃完了，就允许吃红烧肉了。那么，就暗含着这样的意思：红烧肉一定是美味的，不然为什么要等这么久？经过孩子天然的判断，得到的结论就是"我更喜欢吃红烧肉"。

一个人在离开母体时，与生俱来的巨大恐惧，在生命中留下了深深的烙印。在孩子的成长过程中若缺乏父母给予的无条件的爱时，那么，这种恐惧就没有及时被消除，他的那个"烙印"就会永远存在，他的安全感会极度缺乏，并深深影响日后人格的完善。而消除这一"烙印"的唯一方法，就是得到无条件的爱。

母亲的爱是无条件的包容，这种无条件的爱会使人感受到很深的"安全感"。人一旦有了安全感，自信、稳定、自在的感觉就会油然产生，这样，人才能勇敢地冒险，不怕艰苦。当一个人被无条件地爱着的时候，他的自信心会大增。自己会尊重自己，进而尊重别人。在他的心灵中会感受到自我价值的产生，即高价值感开始萌芽。

所以，如果你让孩子觉得你爱他要有一个交换条件："乖""听话""成绩好"……那么，他就会没安全感，而孩子的思维是绝对化的，这样以后，他就会下决心做个符合你要求的"好孩子"。

但是有一天，他会发现这根本不可能，人难免会犯错。他一犯错又会绝对化地想："我犯错误了，我不是个好孩子，父母一定不爱我了。"这时候，父母对他的批评、指责、打骂等教育行为都会强化他们的这种推断。随着这种情况的一再发生，孩子就会有"习得性无能感"："我再怎么努力，都还是会犯错。"所以，父母对孩子的爱越是无条件地给，孩子的心理越自信、越健康。

孩子的聪明才智只有在宽松、愉悦、安全的情况下，才能发挥出来。父母无条件的爱将是孩子走向成功的前提。

第二节　无条件地爱孩子也要把握原则

我们班的小盛和小汤是亲密的好朋友，课间，一有时间两人就凑在一起玩。这天，两个人在活动课上看到初一学生在打篮球，看着也心痒起来，跑过去把他们的篮球抢了过来。初一学生可不答应，紧紧抱住不肯给，两个孩子仗着自己个大，硬抢了过来拿到其他地方去玩了。这下初一学生跑到班主任处告状了。小盛和小汤商量好似的，异口同声地说，"我们没有抢，是向他们借来玩一会的……"

作为班主任，这件事情很容易解决，只要让他们向低年级同学道歉我再进行教育就行，但为了了解他们各自的家庭教育情况，我特意进行了家访。

场景一：小盛家

"你为什么要抢别人的东西？你真让我失望，你怎么可以这样？！""我……没抢……""我和你说了多少遍，不要撒谎，知道吗？撒谎了妈妈就不喜欢你！来，你告诉妈妈，到底撒谎了吗？"

小盛哭了起来。因为妈妈知道他抢了别人的东西，还撒谎，自己是个坏人，他认为妈妈真的将从此不再爱他，他失去了妈妈的信任。

场景二：小汤家

小汤妈妈和我说，她也很生气，因为最近孩子问题很严重，她自己也在学习，尝试着采纳台湾家庭问题专家冯志梅的建议，和孩子进行了一场爱的对话：

"儿子,你觉得妈妈爱你吗?"

"妈妈当然爱我。"

"那么,如果今天你撒谎了,你觉得妈妈还会爱你吗?"

"……妈妈你是说你不再爱我了吗?"

"答错了,妈妈依然爱你。只不过妈妈要罚你洗一周的碗。如果你今天又撒谎又抢别人的东西,妈妈还会爱你吗?"

"……不知道。"

"亲爱的,妈妈依然爱你,只不过这一次妈妈要罚你一个月不能碰手机。你接受吗?"

小汤知道自己错了是要承担责任的,同时也松了一口气,因为他明白了无论怎样的状况,妈妈都无条件地爱他,虽然妈妈要管教他,但那管教是基于爱。

前面小盛出现这种反复撒谎的状况,父母感到的往往是孩子道德品质不好,只看到孩子在撒谎,却看不到孩子撒谎的深层原因——恰恰是小盛为了得到爱,学会了撒谎。孩子所有行为的变化,都源自生命对爱的强烈需求。为了得到妈妈的爱,小盛学会看妈妈的脸色,撒谎是不让妈妈生气、怕妈妈不喜欢自己,都是为了换取妈妈的爱,这也是因为孩子内在安全感的严重匮乏。而妈妈还一味地设置爱的条件:"你抢别人东西不是好人",完全否定小盛,让小盛对自己失去信心;"你不说实话我就不喜欢你",爱加上了条件,更让孩子失去了安全感。而最合理的处理方式是应该像小汤妈妈一样,妈妈依然爱他,并且因为爱所以希望他改正错误。

无条件地爱孩子,同时,也要把握好一些原则性的问题,不因为无条件的爱而让孩子犯错，对犯了错的孩子也不姑息。有原则的爱虽然不能保证孩子永远不犯错，但是它能够让孩子懂得错误并不可怕，可怕的是没有改正错误的勇气。作为父母必须要坚持原则："我爱你，但不接受你的坏行为，它产生的后果你要自己学着承担"，父母的爱要温柔而有边界。

第三节　不要让"不爱"进入孩子的认知

在我们家的家庭文化中，从来不会对孩子说，如果他考试成绩好，就给他买什么东西，或者带他去旅游。

我认为，给孩子买东西，带孩子去旅行，都是孩子应得的。我在孩子小学一年级时就开始带他长途旅行，去过三峡、西藏等等。我有暑假，但爸爸没有，所以基本上是我一个人带着儿子去的，我一直认为让孩子观世界，孩子才有世界观。在旅途中，孩子学到了除书本外更多的知识。记得第一次带儿子出远门，9岁的孩子，自己拿旅行箱，路上还要照顾我，因为出门时爸爸交待，"你是小小男子汉，你要照顾好妈妈"。一路上，他还不忘照顾同行的老奶奶，奶奶们都夸他是好孩子，于是在孩子心里种下了一颗利他的种子，帮助别人自己也会特别快乐。

我们每年暑假都会去旅行，我往往会对儿子这样说："我是你妈妈，我爱跟你一块儿去旅游。即便你成绩考得很糟，我也不会带别人去旅游。我会去约你们班的学霸一起旅游吗？这多可笑呀。所以无论怎么样，我都愿意带你去旅游，因为你是我的孩子。"

这就是表达无条件的爱。

当父母能建立这样一套理念的时候，孩子就不会拿学习去向父母要挟和交换了，他的潜意识里也不会认为学习是一件糟糕的事。他认定的是"妈妈爱我，她给我提供的建议是好的"，这就是最根本的逻辑。

无条件的爱就是这么重要。遗憾的是，很多父母还没有养成这样的习惯，甚至是父母不生气的时候，也会威胁一下孩子，让孩子觉得自己不被爱。当我们留意到这样的现象时，一定要矫正自己的行为。

有一天，我在逛商场，看到一家三口走在一起。孩子很小，刚学会走路，很可爱。他特逗，一边走路，一边踢一下爸爸，也就是踢着玩。爸爸没生气，妈妈也没生气，因为场面很温馨，一家人都很开心。这时候，妈妈讲了一句话："你再这样踢爸爸，爸爸不爱你喽。"你们是不是很熟悉这样的语言。

"不爱"已经成为一些家庭文化里的口头禅，成了我们跟孩子沟通的最简单的方法，张口就是"你这样做的话，没人喜欢你""我们都喜欢乖孩子，你这样做不乖"，总是不自觉地用"爱不爱""乖不乖"这样的事来开玩笑。可是，这些语言会进入孩子的意识里，孩子会觉得"如果我好，他们就爱我；如果我不好，他们就不爱我"。

我跟大家分享一下自己的经验：我们家里没有这样的语言系统。我不但对自己有这方面的要求，还负责训练家里所有人使用"爱"的语言。

在我们家，出现问题的话，都是和自己的父母在内的所有人召开家庭会议，统一思考和解决问题。我分享给他们我的理念，那就是对孩子绝对不要用威胁，绝对不要说"你这样做，我们就不爱你了""你这样做，大家都不喜欢你"这样的话。全家都不使用"不爱"的语言，孩子有任何情况都会非常坦然地告诉家长。比如，学习的情况，他想要什么，他遇到了什么困难，都可以随口说出来。

我记得那年儿子上高三，有一天，他告诉我们要参加播音主持的培训，想在高考中走一条捷径，考上更理想的学校，但要"脱产"一二个月。这样的情况放在任何一个家庭，父母都不会同意，我们也是，我和他爸爸焦虑纠结了一星期。周末，儿子从学校回家我们就要给答复，我知道儿子的个性，他做的决定其实是很难改变的，但我们真的不希望他走这条路，因为儿子是个内向的人，怕他不适合播音主持专业。我查了很多资料，了解到播音主持以后的就业是很广的。我想更重要的是无论哪个单位都需要能说会道、充满自信的员工，我的内心慢慢开始妥协，但他爸爸一定不同意，于是开家庭会议，谈了在高三冲刺阶段，这样选择的利弊，然后让儿子再次做出选择。儿子坚定地选择参加电视台的培训，于是大家表决，我同意，我说："我支持儿子的选择，只要你愿意，相信你学习也会努力的。"爸爸反对，也说明了原因，这个专业以后工作难找等等。最后二比一，儿子胜，爸爸只能帮忙缴学费，儿子参加培训。虽然最后没有读播音主持专业，但儿子的这段经历对他之后的学习，甚至以后的工作应该会大有帮助。之后，面试空中乘务专业，拿了第一的高分。在学校愿意当班长，能够大胆、积极地上台演讲等，应该跟参加这次的培训还是有关的。

这件事，给了儿子很大的教育启示：人生的选择很重要，可以参考父母、朋友的意见，但主动权一定要掌握在自己的手里；爸爸妈妈是无条件爱你的，无论你做什么选择，只要对你有利的，父母都会支持到底，孩子就会更有安全感。

第四节　无条件的爱绝不是溺爱

无条件的爱是不是溺爱？无条件的爱和溺爱之间有什么关系？

在我看来，溺爱是无论孩子做什么，家长都支持。比如，孩子去跟别人打架，家长认为只要自己的孩子不受伤就行，这就是溺爱。

如果一个孩子从小到大根本没有接受过批评，没有接受过规范教育，会产生什么样的问题呢？孩子的不安全感会更加强烈，他能感觉到大家都不喜欢自己，但又不知道为什么。在他的心中，完全不知道世界的边界在哪里。他做很多坏事的时候，看到的是父母无所谓的表情，他得到的结论是父母不爱自己、不关注自己。

父母在关键时期和关键问题上没有发声、没有立规范、没有画边界，孩子就没有安全感，所以无条件的爱绝不是溺爱，无条件的爱中也包含着父母一定要矫正孩子的错误行为。

孩子毕竟是孩子，总会犯错误，帮助他规范自己的行为是父母的责任。起初要告诉孩子，或者严厉地表态："因为我是爱你的，所以我坚决反对你做这件事，我要跟你好好谈谈这件事。"谈完事情之后，一定还要再说一句："虽然爸爸妈妈今天批评了你，但是爸爸妈妈永远爱你。"

儿子还小的时候，我和儿子在公园里散步。看着公园的树，我就跟他聊天，我说："政政，你看，有的树长得直，有的树长得弯。"

他自己就接话说："长得直的树有人修剪，弯的树好像没人修剪。"

我说:"哦,那你知道妈妈为什么有时候会向你提出要求和意见吗?"

他说:"你在'修剪'我。"

我说:"你希望自己成为一棵经过修剪,长得直直的树,还是成为一棵没人修剪、弯弯的树。"

他说:"我希望长成一棵直直的树。"

这样的聊天和沟通,都是为了向他传递一个信息:爸爸妈妈批评他、规范他,对他提要求,不是不爱他,这背后没有任何的威胁,只是帮助他成为更加"挺拔"的人。

父母是孩子的监护人,要帮助孩子成长。这个道理我在平时潜移默化地传授给孩子。这样,他从小就不会把批评视作不爱。

现在很多孩子,一受到家长、教师的批评就炸了,立即顶嘴说:"我没错,这不能怪我。"

我见过特别多肾上腺素很高的孩子,这样的孩子为什么拼命地捍卫自己,说自己没错?很简单的原因是孩子知道,如果错了,父母就不爱自己了,老师就不喜欢自己了!

孩子最不能承受的就是自己不被爱,所以他绝对不能承认自己错了。他跟父母斗争到底,用更加叛逆的行为来证明——"我值得你们爱护我"。

我在儿子小时候批评他,有时候只是一句话,或者是一个眼神稍微示意和提醒一下,他立刻就明白,绝对不会发怒。他内心笃信,妈妈的批评不是不爱,而是对自己好。所以,我俩可以探讨。

有的家长经常会与孩子对立，受到孩子的质疑。比如，孩子说："我们老师说必须这么做！"老师的方法和某句话成为他和你作战的借口。但在我家，从来没有出现过这样的现象。反过来，孩子常常和我商量："妈妈，这件事老师让我们那样做，但我想可不可以这样做……"他更相信妈妈。他经常问我："这件事我这样处理，妈妈，你觉得对吗？"他相信我的判断，他知道妈妈爱他，知道父母能给他带来很多有效的建议，知道父母懂很多道理。所以父母为了孩子，也要多学习。

这是父母所应该承担的责任。你应该让孩子对你无条件地信任、无条件地依赖，前提是你对他无条件地爱。这里面没有交换、没有恐吓，也没有威胁。

我们要学会接受不完美，每个孩子一定有不完美的一面，更多地去看孩子优秀的地方，发现亮点才是推动一个孩子成长进步的方向。当家长不断地让孩子身上的亮点变得越来越多时，阴暗的那面就会变得越来越少。

但是，如果你整天眼睛只盯着阴暗的部分，每天都很焦虑，怎么可能表达出无条件的爱？找到孩子光明的那一面，积极地想办法把它放大，这才是让孩子获得自尊、自信最有效的方法。

勇敢地表达爱，表达出对孩子的欣赏，孩子才能变得更自信、乐观。所以，天下的父母要让孩子知道自己是被无条件欣赏和接纳的，这样，孩子不管遇到什么困难，都没有迈不过去的坎。

/第/五/章/

价值感让孩子有内驱力去创造成就

当一个人拥有价值感时,他会知道自己是值得被爱的,他的内心会充满能量,也会更加丰盈饱满。他对未来会充满期待,对人生拥有极高的热情度。

一个有价值感的人,自尊水平往往也会较高。一个拥有高自尊的孩子,他对自己的评价就会很高。他能感觉到自己的重要性,自律性也会更强,自然能管好自己。

反过来,如果一个人自尊水平低,他就会觉得"我就是没用"。这样的孩子,他的人生失去了目标,就很容易去做坏事,青春期就会变得很叛逆。

第一节　了解孩子青春期价值感的诉求

孩子进入青春期后，自我意识的觉醒和性意识的觉醒，使人的独立性得到发展，个体相对于朋辈身份的界定需求日益增加，并从期待成人的认同逐步转向自我价值的体验。

青春期叛逆是孩子生命成长当中的一种正常的心理现象。它和孩子的道德品质、是否孝顺大人、是否有心理问题都没有关系，这种心理现象的目的是什么呢？是孩子自己觉得他跟大人分离了以后，他就是一个小大人了，所以他渴望得到大人对他的尊重，把他也当大人看，一旦碰到有的父母，还把他当小孩子一样去管教，甚至于命令他做什么，他会觉得没有得到尊重，他的身份感没有得到认同，所以就会很苦恼，于是就奋起反抗。家长要理解，孩子的叛逆不是什么不好的事情，他这个叛逆的过程就说明他心理的独立、成人感正在发生。面对孩子的叛逆，家长要重新学会跟孩子对话，你的方法对了，孩子自然而然就愿意跟你更好地交流。

青春期的孩子对价值感的追求非常强烈，也就是说特别喜欢刷存在感。那他为什么会特别喜欢刷存在感？他的存在感是在哪里得到满足的呢？

我们知道青春期孩子跟大人分离了以后，他要完成一个对自己来说非常重要的任务，就是对自己身份的界定。这个年龄段的孩子，对父母对他的态度不是很在意，但是他非常在意的是被他的同伴接纳，所以他的价值感是在他的同伴那里得到满足的。也就是说作为一个独立体，他是在跟同伴的相处当中，慢慢地找到自己的位置。这个位置是什么？就是来完成"我是谁""我存在的意义在哪里"。如果一个孩子在青春期，能够很好地完成"我是谁"这个自我认同的任务，并且能够实时地体会到他这个生命存在的价值，那么这个孩子就会接纳自己。如果说他找不到"我是谁"的位置，或者说在寻找这个位置的时候，他常常是觉得毫无意义或者没有价值感，那对他未来的影响就非常大。

我们要了解这个年龄段的孩子，他有六大心理需要。①找出自己怎样去适应这个世界。②接受自己身体、生理上的变化。③探索人生怎么过。④界定自己相对于同伴的身份。⑤界定自己相对于同性的身份。⑥界定自己相对于异性的身份。

前面三个是要完成他人生的三项任务，第一，他要找出自己怎样去适应这个世界。所以他要把大人甩掉，自己去找这个世界，他再也不要大人搀扶着去找了，这就是我们讲的独立性发展了。第二，他要接受自己身体生理上的变化，青春期还有一个非常重要的特征，就是性发展。性发展了以后，生理上会出现第二性征，也就是跟成年人一样的生理特征。那么这些生理特征，身体生理上的变化，他要学会接纳。这就要求我们家长要提早进行性健康教育，让孩子接受自己身体生理上的变化。第三个，他要探索人生怎么过。因为他觉得他是个大人了，需要独立去闯荡世界，所以他就要去考虑人生的命题，他会在这个世界上寻找人生的偶像。有的孩子会很肤浅地去模仿，只是模仿偶像的发型、动作，但是也有一些比较成熟的孩子去寻找偶像的个性特征和一些本质的东西。总而言之，孩子要去探索人生怎么过。前面讲了，因为他觉得自己是一个大人了，他力大无比，觉得什么事情都能够摆平，但事实上他还没有这个能力。所以他在探索人生怎么过的过程中，他的挫折感特别强。在探索的过程当中，他有时觉得很无助、很没有用、很沮丧，所以他的情绪常常是一会儿很高涨，一会儿很低落，变化非常大。

孩子要去完成后面三大任务的时候，最重要的是要先完成对自己身份的确定，他是怎么样来确定自己的身份的呢？第一，他要确定自己相对于同伴的身份。这个同伴的人群当中我是谁？我是一个怎么样的人？这个同伴人群又分为两半，一半是同性人群，一半是异性人群。第二，他要确定自己相对于同性的身份。我在同性中的身份是怎么样？是不是一个很有价值的人？是不是一个很有存在感的人？第三，他要确定自己相对于异性的身份。去界定一下我是一个怎么样的人？异性是怎么对我的？我对异性有没有吸引力？在异性的眼里，我是不是一个很有意义、很有价值的人？最后通过确定我到底是怎么样一个人的三条路径，去完成对自己认同。但他需要去体验才能找到自己的价值，他需要在同伴的人群当中找到他的价值感。

这三个价值感的体验，就是他去界定自己三个身份的路径。那么这三个价值感是一个什么样的结构呢？它是一个系统，一个孩子要找到自己的身份，他就要通过价值感去体验。他只要让自己有价值感就行了，如果他找到价值了，觉得挺有价值感的，那他活在这个世界上就挺有意义的，他觉得自己就是一个了不起的人，他就是值得存在的一个人，所以这个价值感的体验，对青春期孩子来说非常重要。

三个价值感是一个系统，这个系统里的元素之间都是有关系的，并且系统内的元素可以相互协调。孩子在寻找这三个元素价值感过程中，其中一个让他得到满足的话，他就会觉得自己是很有价值的，对另外两个需求相对就会弱一点。如果这个方面不能得到满足，他就自然而然地在另外两个地方寻找它的价值。比如说一个孩子在学业、才艺、人际交往当中都得到了巨大的满足，说白了，就是被同学欢迎，被同学羡慕，已经让他价值感的体验爆棚了，那么他的同伴价值感就让他满足了。如果这个同伴价值感不能让他满足，他就会到同性价值感和异性价值感当中去寻找。同性价值感是怎么样满足的呢？这跟他的性心理有关，男、女生满足的方法是不一样的，女生比体貌，男生比力量。女生跟女生之间常常比体貌，如果她的体貌比较漂亮，颜值很高，那么她的同性价值感就比较高。男生比什么呢？男生主要是比力量，在运动场上有力量感的男生特别受欢迎。所以我们平时常说的，为什么到了青春期以后，我们会发现一个现象，女生特别喜欢打扮，男生常常打架，其实这两个行为——女生爱打扮，男生爱打架，并不是说一定是品行问题，其实它也是一种心理诉求的表达。

那么异性价值感是什么？就是孩子想去确定一下，他在异性这个人群当中是不是一个很受欢迎的人，为了获得异性价值感的体验，他就常常会去跟异性交往。有些父母说，我家孩子就特别喜欢跟异性交往，是不是有早恋的倾向？先不去说他是不是早恋，父母都要清楚，孩子到了青春期的时候，一定是要和异性交往的，他在与异性交往的过程当中，除了性吸引的因素以外，还有一个很大的动因是去寻找异性价值感。通过异性价值感的体验，让他觉得他是一个有身份的人，在这个世界上的身份是被大家认同的，也就是说是一个有价值感的人。如果说他从三个方面都能够得到价值感，那么"我是谁"的问题就解决了，他就会认同自己，接纳自己。如果孩子在青春期不认同自己，不接纳自己，这是一件很危险的事情。如果一个人没有价值支持系统的时候，这个生命就缺少存在的能量。

青春期自我价值的体验主要依赖于三条路径，即"同伴价值感""同性价值感"和"异性价值感"。三者构成了一个价值感体验的系统，相互协调与平衡，也就是价值感永恒的内在需求依赖于"同伴价值感""同性价值感"和"异性价值感"三者之间的平衡，即当某个价值感降低时，对其他价值感的需求就会提高。虽然，三个路径的价值感体验都是合理的，但是通过"同性价值感"（较为突出的特征是，女性比体貌，男性比力量）和"异性价值感"（较为突出的特征是，与异性交往）获得价值感的满足风险还是较大的，所以，家长要尽量让孩子获得"同伴价值感"的满足。

第二节　归属感与价值感，让孩子自愿变得更好

亲子教育中，第一根支柱是无条件的爱，第二根支柱是价值感。

心理学家阿德勒在《自卑与超越》中有一段话，大意是所有的失败者——精神病患者、罪犯、酗酒者、问题少年、自杀者、堕落者等，之所以失败，就是因为他们缺乏归属感和社会兴趣。

一个孩子终其一生都在寻找两样东西，一个叫作"归属感"，另一个叫作"价值感"。

归属感是一个人要知道自己属于哪一个家或集体，知道自己在家人或同伴这个团体里，是被无条件包容和接纳的。如果我们掌控了无条件的爱的原则和方法，孩子自然就能找到归属感。

价值感的重要性体现——如果一个人很爱自己的父母，也知道父母对自己是无条件的爱，但他最后变成了啃老族，这会是我们想要的吗？父母愿意给孩子一切，并不想孩子成年后，每天在家里待着，用父母的钱支撑自己的人生。

所以，我们一定要搞明白，是什么让这个孩子有动力出去做事，让他愿意成为一个有用的人，让他想成为一个有理想、有追求、有抱负的人。这些主要来自一个人的价值感。

上海的流浪汉沈巍曾因为博览群书而爆红网络。

他从小嗜书如命，但他的父亲视而不见，强迫他学习并不感兴趣的会计专业，最后进入审计局工作，却给他留下一生的遗憾。

他的父亲在临终前，看到儿子沦为蓬头垢面的流浪汉，悔不当初：如果当初尊重孩子的选择，沈巍或许已成为他所热爱领域的佼佼者，而不像现在这样，落魄到流落街头。

父母自以为给孩子安排了完美人生，实际上，可能毁掉了孩子的一生。

人类学家费孝通认为，父母眼中，孩子常是自己的一部分，子女是他理想中自我重生一次的机会。很多人不让孩子自由选择，以此来实现自己的心愿或者价值，殊不知，一旦孩子选择的权利被剥夺，慢慢地他的自尊水平会降低。

拥有不懂尊重的父母，对于孩子来说，是一场灾难。

他们未来即使再优秀，仍然心里带伤，总是不断压抑自己的真实想法，陷入自我否定的怪圈，价值感匮乏。

父母对孩子最大的伤害，莫过于打着"为你好"的旗号，冠冕堂皇地代替孩子做所有决定，让孩子缺少自我价值感。

我个人对价值感有所认知，是在上初中遇到极端情况时。那时，有同学打架，有的人身上还带着刀。我属于比较乖、爱学习的女孩子。有一次，我跟一个同学一起骑自行车回家，在路上，我说："我们要不要准备刀，万一遇到恶劣的情况，咱们也有刀，和他们拼了？"我同学讲了一句话，对我启发很大，他说"不值得"。

我突然觉得，不要和不懂得珍惜生命的人拼命。后来，我教育儿子，有时候遇到了不好的人时，即使被欺负，也要忍耐并离开，原因就是你的生命有价值，不应于不值得的人或事付诸太多精力。

当一个人意识到自己的生命有价值的时候，就不会轻易放弃自己，也不会和别人拼了。

有时候看社会新闻说，有人肾上腺素飙升得特别快，动不动就由小事直接上升到与人拼命的程度，"大不了一起死"。"大不了一起死"就是没有把自己生命的价值感调动起来，让自己被仇恨带着走了。这是一种可怕的思维模式。

第三节 没有人与生俱来自带价值感

千万不要以为父母有高学历，孩子就一定会自带价值感，很多高学历家庭的孩子，如果爸爸妈妈一直在贬低他们的人格，他们照样会丧失价值感。

电影里常常有这样的情节：警察去抓捕一群高官的孩子，这群孩子的独白就非常符合无价值感的心理特点。他们对警察说："你们天天骂我们是垃圾，骂我们一事无成。我今天就做给你看，我就是什么都不行！"这时，自己主动迎合别人辱骂的情况就出现了。

很多家长是社会上优秀的人才，但是如果不懂教育，他们的孩子并不会像父母一样优秀。因为父母的见识足够多，总把孩子拿来和最高的标准作比较，进而指责孩子"你要赶上别人一半就好了""别人比你强太多了"……让孩子生活在巨大的压力之下，也会导致孩子的价值感一点一点下降，直到低到尘埃里。

我有一个奇怪的朋友，明明很爱唱歌，但打死不轻易开口，实际上，朋友并非五音不全，歌声也称得上好听二字。之所以如此别扭，全因初中时，被妈妈在KTV当众嘲笑，令当时的她觉得羞耻万分，从此再也不愿意开口唱歌，人也变得特别没自信。用她的话说：不知道什么时候又会犯错，与其遭遇嘲讽，不如不做不错。

毕淑敏说过：孩子的成长，首先是从父母身上确认自己的存在。如果连最亲的人，都不顾孩子的尊严，否定孩子的价值，那么孩子是无法看到自己存在的意义的。

父母的否定、打压，会给孩子消极的心理暗示，时间一长就会内化成孩子心里自我否定的声音。

尊严被撕裂的孩子无法感知到爱，进而会失去爱己和爱人的能力，不是变成封闭内心、自卑怯懦的"奴隶"，就是扭曲成没有同理心、肆意伤害别人的"暴君"，永远陷在"伤害"的泥潭中，无力自拔。

一个没有价值感的人是不敢在公众面前做领导的，一个没有价值感的人是不敢承担责任的，一个没有价值感的人是不敢去努力地学习、改变自己的。

怎样才能让孩子有价值感呢？

你要给孩子做事的机会。有很多家庭的孩子根本不会做家务，父母不让孩子做事情。他们说孩子的任务就是学习，只要管好学习，其他的事都不用管。孩子只需要跟着父母上各种培训班！有的孩子一个周末要上六七个培训班。

在这种情况下，如果孩子的成绩出现一点儿波动，父母责备孩子的理由就更充分了："在咱家，让你干别的了吗？让你买过菜吗？让你做过饭吗？什么都不要你干，就让你学习，你的成绩还是这么差！"这就是把孩子的整个人格全部否定了，孩子等于什么都没干，没有为这个家庭做出任何贡献。

作为班主任的我，经常听到很多父母这样与孩子谈话："你为这个家做过什么贡献？"孩子没话说。再问："我们对你提什么要求了吗？"孩子还是没话说。最后，总结来了："你自己的学习管好了吗？"在孩子说"没管好"的时候，他看起来什么价值都没有。

在我看来，一个孩子对家庭的贡献是全方位的。比如，孩子完全可以参与家里的家务劳动。他的成长本身就能给大家带来欢笑，他的存在就足以成为家庭气氛的调动者。

让孩子充分参与家庭生活，并在孩子表现出对家庭有所贡献的时候，表达一下你的感受，告诉孩子："你这件事做得很好，照顾到了周围其他人的情绪，给我们带来了美好的记忆。"这就是孩子为家庭做的贡献。但是，有时候父母会忽略，他们会觉得这不重要，也就丧失了让孩子逐渐形成价值感的机会。

我儿子在家里特别喜欢干家务，他喜欢帮忙烧菜，吃完饭帮着洗碗，记得上高三那年的年夜饭就是他烧的。小的时候我们没有给他任何交换条件，不会告诉他洗了碗可以少做几道题，而是告诉他全家一块儿参与事情，欢乐会成倍增加。我们让他意识到他有能力通过自己的学习和工作改变自己和周围人的生活状况。这时候，他对自我的评价就会很高。

这种对自我的评价，我通常叫作"自尊水平"。一个人的自律性来自他的自尊水平，自律性越高的孩子，自尊水平就会越高。反过来，如果一个人自尊水平低，他觉得自己就是没用的，就会在别人看不见的时候干坏事。

比如惯偷就是如此。我记得带过一个班，有位胖胖的女孩子，她利用自习课到我办公室偷了我的钱包，我通过侦察、教育后，她主动把钱包放在办公室门口，还写了一封道歉信。但没过多久，她又偷了同学的钱，还偷英语老师和数学老师的钱。当她偷了一个钱包被人发现时，不会不好意思，不会愧疚。她不觉得偷东西丢人，因为她的自尊水平很低。当一个人的自尊水平很低的时候，她会认为偷东西被抓到叫作"运气不好"。她住姨妈家，因为太胖，姨妈经常控制她的饮食，她拿别人钱只是想去买东西吃。但一个正常的人，如果去偷东西，要克服的根本不是技术问题，而是对这样的行为感到羞耻，对行为的结果感到内疚，自己心里过不去这道坎儿。

一个人如果有自我约束力，就不会在别人看不见的时候，偷偷摸摸去做一些事，因为他具备足够高的自尊水平。

但是，如果父母意识不到其重要性，就有可能把成长中的孩子的自尊逐渐打击没了。

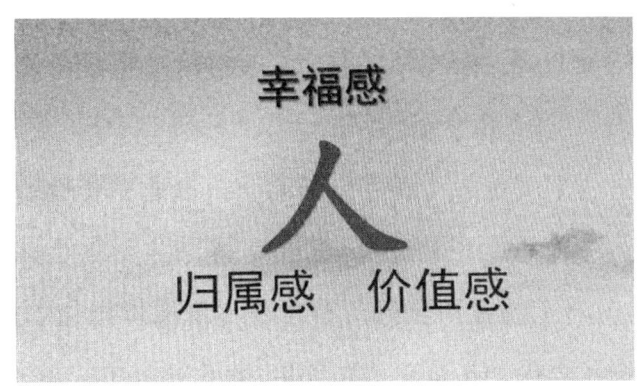

第四节 自尊水平越高的孩子越自律

很多父母每天跟孩子的互动，如果录了音，回放后会发现，互动内容全是负面的，都是在不断地打击孩子的自尊水平：孩子做什么事都不对，这不对，那也不对。

有一个初三孩子的妈妈带孩子过来跟我聊天，孩子开始对我讲他的心思、他的烦恼。我就跟孩子讲上初三应该怎样学习，怎样安排时间。聊得正愉快的时候，他妈妈一直在旁边插话："你看金老师说得多好，但你都做不到。唉，你就是做不到。"

孩子越来越生气，表情也越来越不耐烦。我就对他妈妈说："麻烦您先回避一下。"

妈妈说出来的话负能量爆棚，没有一句能起到积极效果，原因不是她不爱孩子，而是太在意这个孩子了。她的生活除了孩子之外，可能没有别的东西了。她把自己所有没有实现的理想和梦想都寄托在这个孩子身上，导致孩子成了她的私有财产。

这样下去的结果就是孩子的自尊水平越来越低，最后成为一个不能改变自己、不能约束自己，过着糟糕生活的人。尤其是孩子长大后，妈妈会变得更糟糕。有的妈妈把自己一生的希望都寄托在儿子身上，一旦有一天儿子要去和另一个女人生活了，妈妈就难受、生气，觉得自己的一切都被一个外来的女人给剥夺了，就跟儿媳妇闹矛盾。婆媳关系有时候说到根源，就是家庭结构的关系。有的家里，婆婆和儿媳妇处不好，儿子心烦会远离自己的家庭。后来，儿子越来越疏远家庭，不再对妈妈和媳妇投入情感了。

这时候会发生什么事？媳妇就会把所有的专注点都放在孩子身上，因为与老公已经离心离德了，她只能把自己的注意力放在孩子身上，重复婆婆的宿命。于是一代一代传下去，女人们没有了自己的生活，只追求"我的孩子更好"，导致的结果是孩子的压力更大，自尊水平更低。

有的父母觉得给孩子帮忙就是挑孩子的毛病，只要能挑出他足够多的毛病，这个孩子可能就没有毛病了。实际上给孩子挑的毛病越多，孩子的毛病就会越严重。比如打电子游戏，有两种情况：自尊水平高的人，想打就打，不想打可以不打；自尊水平低的人，只要一玩起来就停不下来。于是，爸妈把手机藏起来，不让孩子看到。

管理打游戏这件事情，要从根本上解决，孩子打游戏上瘾的根本原因就在于他没办法自律。如果你能帮孩子建立比较高的自尊水平，孩子就会自己向自己提要求。

在我家，孩子上初中时，手机都是随便放在桌上的，对玩手机这件事从不给孩子做硬性规定。但孩子会自己给自己提要求，他在墙上贴条：每周一至周五不看手机，周末可以看，每天不超过一个小时，如果违反规定，自罚不打游戏。我问他为什么这么规定？他说，看手机太久会伤害视力，所以自己觉得应该约束一下。

一个上高中的学生有一天给我打电话，说他跟爸妈又吵翻了。他不想参加高考，想上国际班。他问我能不能给他爸妈做做思想工作。

我就问他妈妈："为啥不让他上国际班？"他妈妈说："他只是个高中生，不参加高考，就想出国，这不是浪费钱吗？"

我说："你有没有看到他努力想学好的这一面？他并不想放弃自己的人生。他虽然不想考大学，但他想考雅思，想成为一个有用的人，这一点很重要。上国际班的学费对你的家庭来说如果不成问题，为什么不支持他一下？"

家长沉默了很久，然后说道："我没想过这么多，我就是条件反射式地去反对。"这就是很多家庭的互动模式，一般是孩子提任何要求，父母都是先紧张，第一反应就是孩子又出什么"幺蛾子"了，赶紧打击他，小吵最后演变成了大吵。

这个孩子发给我看聊天截图，最后都吵到他爸爸要跟他脱离父子关系，就当没生过这个儿子。就为了上国际班这样的小事，演变成这样的结果。实际上，我在听到孩子的想法的时候，内心是有些喜悦的。我曾经对这个孩子有些担忧，观察到他基本上不太愿意去做什么，除了不停地打游戏。这样的男孩竟然要上国际班，我觉得很欣喜，觉得自信和光明要来了，他开始愿意学习，愿意提高自己的价值了。但是，他的父母看不到，认为这不可行。我问他的父母："那你们觉得什么可行？还要他天天在家里打游戏，你们才安心吗？"他的父母说："我们也不是这个意思。"

大部分时候，父母也不知道要怎么办，只是条件反射似的反对一切。

我们绝对不能用条件反射似的反对一切的态度来对待我们的孩子，尽管孩子让我们失望过无数次，但既然他是我们的孩子，我们就要抱有希望、创造机会和把握机会，把孩子内在的价值感给调动起来。

王阳明在小时候也"折腾"和"叛逆"了很多年，他18岁与当时的名儒娄谅会面，娄谅点透王阳明的一句话是"圣人必可学而至"。

这句话的意思是，即使是孔子、孟子这样的圣人，也是由平凡开始一步步走过来的。这样的一句话可以把王阳明的价值感调动出来，让他有成圣之志。所以，每个人都可以成为圣贤，你认为自己也可以，这就是志气。

当一个孩子的价值水平被提高，他觉得自己有机会成为圣人时，他就会充满志气。拿王阳明来说，18岁以后，他就没有浪费时间，一直都在不断地努力、精进学习。

为人父母，我们需要点燃孩子心中的价值感，而不是整天去浇熄他心中的火焰。怎么点燃？发现亮点，并进行表扬，尽量不要用物质奖励的方法，而应该赋予它意义。就是当孩子做对一件事时，你不是说"做得很好，爸给你钱"，而是说"做得很好，这件事的意义是——"。父母要把孩子做的事情的意义给点出来，表扬孩子也要表扬到孩子的精神内核。

比如，那个孩子要上国际班，爸爸可以这样说："这次，你能提出想上国际班，爸爸真的非常高兴。因为爸爸能看到你想通过学习来改变自己的生活，你对自己是有要求、有梦想的。爸爸之前没有考虑这个问题，这次爸爸一定支持你好好上课。"

大家想想看，如果是这样的爸爸，和一个独自走了很长时间迷途，高中三年过着地狱般生活的孩子聊天，孩子会是什么感受。

有的孩子知道别人不喜欢自己，就把自己隔绝起来，他觉得自己和他人不是一个世界的，根本融入不了这个世界。父母一定要把他拉回真实的世界里来，尊重孩子，帮助孩子提升他的价值感。

价值感提升需要用情感引导的方法，帮助孩子塑造一个又一个正确的行为。当孩子被塑造出了这一个又一个正确行为的时候，他自己的价值感也会得到提升。他会认为自己是一个有能力的人，一个有自尊心的人，一个善于掌握时间的人，一个能够自控的人。

我经常跟儿子讲自律有多重要。我告诉他，有了自律能力，做事情的效率就会立即提高很多。有的孩子，大人不敢给他手机，因为怕孩子拿起手机就放不下了，但是孩子其实是可以做到的。

如果经常性地告诉孩子他可以做到什么，他就真的可以做到。比如，我孩子小时候了解了什么是自律之后，尤其喜欢展现出自律的一面。

有时候，他奶奶会用老一套的办法来督促孩子，比如："怎么不写作业？赶紧写作业，你快一点儿。"

孩子很有意思，他和我讨论："妈妈，我有没有过曾经或偶尔有哪一次忘记写作业吗？"

我想了想，回复他："你每次都会交作业。"

孩子说："那奶奶怎么总是不放心？"

我说："你可以跟奶奶谈一下。"

孩子就对奶奶说："奶奶，你不要担心我的作业，要学习和考试的人是我。我能管好自己的作业和学习，我都能搞得定。"

奶奶听了之后，心里还是有点儿不开心。我就开导老人家，我说:"您不用管他,这符合教育的规律,您就负责开开心心的就行。他想和您玩,您就陪着孩子玩一会儿,愿意和您打牌(小猫钓鱼的游戏),您也可以和他一起打。"

就这样,当别的家庭经常传出大呼小叫命令孩子写作业的声音时,我们家的老人晚上在跟孙子打牌、看电视,玩各种各样的游戏。

一个家可以这么轻松、愉快地管理起来,不用那么费劲儿。所有美好的事情都是轻松、愉快的,费劲儿的事情往往都是错的。

我的想法和简·尼尔森(Jane Nelsen)——《正面管教》中的理念不谋而合。这位老太太在一个论坛上谈到,如果你在教育孩子的过程中感觉到痛苦,感觉到艰难,感觉到失望、伤心,那一定是因为方法错了。

我作为父母也一直在尝试,只要父母用了正确的方法,所有问题都会迎刃而解。但是,如果父母用了错误的方法,困难就会接踵而至。

第六章

培养终身成长的心态
让孩子懂得美德背后的美德

　　我看到很多父母并没有用正确的方式教养孩子，他们发自内心地认定自己爱孩子，能为孩子奉献一切，就以为自己对孩子很好了。

　　一个人这辈子就算有爱，有价值感，他也很难不遇到挫折。但如果遇到了挫折之后，他的第一反应是我害怕，我不敢做了，那么他不可能继续前行。真正能够让他不断地向前迈进的，就是终身成长的心态。他把每一次挫折，都视作是一次学习的机会。所以，我把终身成长叫作"美德背后的美德"，就是我们在生活当中所看到的各种各样的美德，背后一定是有一个成长型心态在起作用。

　　父母常常会居高临下地用成人的标准去要求孩子，却不知孩子的世界自有其规则。如果父母自己不成长，没有具备成长型思维，那么对孩子伤害最大的人正是父母。

　　正如波兰作家显克维支所说：如果每个孩子都能有一只温柔的手在引导他前进，而不是用脚去踢他的胸脯，那么教育就能更好地完成它的使命。

第一节　美德背后的美德，是成长型思维在起作用

价值感和归属感是阿德勒提出的两个非常重要的动机。我在这么多年班主任教学过程中，发现仅仅有价值感和归属感的孩子，虽然会主动去学习，去做事，也能为这个社会创造价值，但有时候行为依然会出现一些偏差。他发现维护自尊体系最重要的东西是赢过别人、比过别人，他做所有事的动力是要证明自己，而不是怎样让自己成为一个更好的人。

我不断地思考：在无条件的爱和价值感之外，还需要加入的第三根支柱是什么？我认为是终身成长的心态。

一个人，即使很有能力做事，也愿意为这个社会做贡献，但如果他是一个固定型心态的人，做起事来就会很困难。原因就在于他做事的目的并不单纯，他做事的目的只有一个——证明自己，而不是单纯地做事，这就给他自己带来了很重的负担和包袱。

有一次，我去参加"国培计划"骨干班主任学习培训，见到了西南大学心理学院张仲明教授。他从事心理咨询工作几十年，是非常有经验的心理学家。我向他请教，我说："很多人问我：'金老师，我被一个人伤害得很厉害，我应该怎么走出来？''金老师，我在上次月考中严重受挫，我应该怎么走出来？''我离异了，我很焦虑，我不知道该怎么走出来？'——很多人都不知道该怎么走出来，有什

么办法能让一个人走出来？"

张老师说："很简单。你先问他，他还打算活多少年？大部分人会说三四十年吧。你就问他：'在这三四十年里，你是希望轻松一点儿活下去，还是一直背着那个包袱走？'你让他选择。等对方说，当然是希望轻松点儿过这三四十年后，你就接着问他：'谁能决定你背不背着包袱？'答案一定是自己。最后，你问他：'你自己可以决定，那你现在决定怎么做？'很多人就会当下做决定，决定把包袱放在身后，往前走，轻松地走。"他还补充了一个重要的思考："你还要问他，在这些错误里，学到点儿东西没有？当一个人从中学到了一点儿东西后，就容易把接下来的路走好了。比如，在一段婚姻里被别人骗，那现在就学得理性一些。当一个人能从过去的挫折中学到一点儿东西的时候，他才能真正轻松。"

就这么几句话，解决了很多人心中无比沉重的包袱。听他说这些的时候，我立刻意识到，这里有一个重要的工具，就是终身成长。也就是说，你要做一个成长型思维的人，而不是一个固定型思维的人。

我把终身成长叫作"美德背后的美德"。什么叫"美德背后的美德"？就是几乎所有你能看到的美好的品德，背后都是终身成长型的思维方式。而你看到的所有错误的思维方式、错误的行为习惯、错误的品格，背后所代表的都是固定型的思维方式。

举个例子来说，谦虚是一种美德。有很多人说："金老师，你这么一位名师，一点都没架子，愿意帮助我们青年教师成长。"

我为什么这么做？谦虚的背后是什么呢？原因很简单，我觉得这才"哪儿到哪儿",人生还长着呢,现在取得的不算什么成就。自己就是个普通人,每天正常上下班就够了。

所以你看,谦虚并不仅仅是因为一个人知道谦虚有多好,而是因为他知道自己的人生路还长,还有很多事需要做。

友好是一种美德,但有的人并不友好。他谈一桩生意,成了一锤子买卖,事后就与对方崩了。因为他觉得这一次的交易非常重要,如果这一次的交易搞不定,自己就丢脸了,所以一定不能吃亏。

当他把每一次交易失败都看成丢脸时,他会认为占便宜是胜利,不占便宜是失败,一切都是为了证明自己有能力。

他失去的是什么?是他眼中看不到还有未来的交易。万一以后再合作怎么办?当一个人非常较真儿地去谈每一次交易,认为每次交易都不能输的时候,他的生意永远都做不大,因为他费太大力气在谈判上了。当他在谈判上过度用力时,对方还会愿意跟他谈事情吗?想想看,你是愿意跟那些轻松一点儿的人谈事情,还是愿意跟步步为营、紧张兮兮的人谈判?

你看,连这件事背后,都能看出是成长型心态,还是固定型心态在起作用。

一个人一旦有了固定型心态,就会活得很累。他做任何事都在意别人怎么看他,都在意这一次是吃亏还是占便宜,都在想自己有没有做出最优的决策,有没有显示出来"我是最棒的,我是最聪明的,我没有犯错"。

如果一个人具有终身成长的心态,他就会觉得每一次都是学习的机会。为什么不可以尝试一下?即便做错了,能从中学会些什么,因为人生路还很长。

具有固定型思维模式的父母，不在乎孩子的兴趣和潜能，只要求孩子达成他们所期望的成就。否则，孩子在他们眼中，好像失去了该有的价值。

拥有成长型思维模式的父母，不仅会给孩子设定一个奋斗目标，还会给孩子成长的空间。他们尊重孩子的兴趣，重视孩子拥有完整的人格，鼓励孩子以自己的方式活得更好。

作为父母，对待孩子时也是一样的。你是希望孩子将来活得累，活得煎熬，整天向别人证明自己，还是希望他知道从每件事情中都能学到东西，轻松、愉悦地体验人生？这是截然不同的两条道。

显然，如果用终身成长的心态来面对一切，父母和孩子都会轻松得多。所以，我把终身成长的心态列为第三根支柱。

第二节　积极的语言互动，培养孩子成长型心态

终身成长心态的培养和父母关系密切。

一个孩子的成长就是来自与父母的各种互动。

比如，有的父母很在乎孩子的成绩。如果孩子考得不好，父母就立即说："你看这成绩怎么回事？"孩子说："我进步了。"父母会反问："你没看到前面还有那么多人？"

很多父母就是在这种问题上非常较真儿，说："你的努力我没看到结果，我们拿结果说话。"

这时候，孩子会觉得，反正说别的都没用，没有好的结果，父母就会抹杀一切。最要命的是有了好的结果也未必有用，有了好的结果，家长会说："还可以更好。"

孩子真不知道何时才能让父母满意。

所以，当父母整天用需要孩子证明自己这件事情来威胁孩子的时候，他从小到大的生活就是不断地证明自己。弹钢琴要考级，考不到一定的级别不行；练习跆拳道也要考带，考不到也不行。做什么事都要用证据来证明。

如果这个孩子的关注点全都在证明自己上，他就体会不到努力的意义了。他会很疑惑："我为什么要冒险？我为什么要学这个新的东西？"他只会觉得学新东西是沉重的负担，学了就得再次证明自己厉害，没完没了。

有一位学生告诉我,他从小到大就被父母夸聪明,因为他学习特别好,他刚一开始被夸聪明的时候,觉得特别开心,感觉特别棒,并且认为自己就是一个聪明的人。直到后来他开始遇到更加困难的事情,比如说更难的学科,更难的作业,长大以后工作中的挑战等,他开始在更加困难的问题前退缩,不敢接受挑战。直到后来,他才意识到,遇到这些新的困难、新的挑战时,他会担心是不是会因此打破自己在别人眼中聪明的形象,别人是不是会用笨来形容自己。那为什么会这样呢?斯坦福大学著名心理学教授卡罗尔·德韦克和他的团队做了长达十年的跟踪研究,研究不同的夸奖方式对孩子的影响。他们把孩子随机分为两组,其中一组夸奖孩子聪明,我们称之为表扬,而另一组夸奖孩子努力,我们称之为鼓励。研究结果令人震惊,发现表扬和鼓励对孩子的影响有着巨大的差别,长期表扬会让孩子寻求认可上瘾、抗挫折能力差。而经常鼓励会让孩子充满信心和勇气,乐于接受挑战,激发孩子的内在驱动力。从孩子的角度来说,如果经常被夸聪明,他们就会认为自己是一个聪明的人,而聪明呢,又是一个人的天赋,意味着我不用付出太多的努力就可以轻松地完成一件事情,如果尝试新的或者接受更难的挑战,则意味着有可能会失败,而失败这个结果则会夺走"聪明"这个标签。那如果我们夸赞的是孩子努力呢,他们就会认为是因为自己付出了足够的努力才取得了好的结果,不害怕接受挑战,就算遇到了失败,他们也会理所当然地认为这是在取得成功路上很正常的事情,并不会影响孩子继续努力。那为什么结果会有这么大的差别呢,本质区别是,不同的沟通方式造成了孩子不同的思维模式。表扬促成的是固定型思维模式,也就是说,具有这样思维模式的人会认为，人的能力是天生的，无法改变的，在困难面前很容易感到无助。而鼓励促成的是成长型思维模式，具有这样思维模式的人会认为，所有的事都离不开个人的努力，那些困难是来帮助我们学习成长的，具有这样思维模式的人比较容易成功。

我们如果能培养出孩子终身成长的心态，就不用担心他将来不够幸福了，因为能从生活中的每一个事件上吸取养分，不断地学习。

如果你不断地评判，不断地给孩子贴标签，不断地对孩子提出结果上的要求，却看不到他努力的过程，他就容易逐渐变成一个极度依赖成绩名次、声望、收入水平来衡量自己的人。

第三节　引导孩子把注意力放在过程上

一个人立足社会，终身成长的心态才是最重要的。那么，是不是父母有终身成长的心态，孩子就一定有呢？不一定。父母有终身成长的心态，他们未必能把孩子培养成终身成长的人。因为父母如果不懂培养规律的话，照样会做错。

比如，一个人被父母培养得不错，他对自己的孩子却偏偏又变成：给我拿证明来，给我看结果，排名第几。这肯定是不行的。

培养终身成长的心态是有规律和方法的。具体的方法，首先要建立无条件的爱和价值感，这两个是前提。如果没有爱和价值感，孩子就会生活在评判之中。

著名领导力大师史蒂芬·柯维（Stephen Richards Covey）讲过一句话，我觉得特别好，意思是"我来这儿是帮你的，不是来给你打分的"。但是，我们现在太习惯给孩子评价和打分了，不断地让孩子意识到"你还不行，还排在谁后边"。大人给孩子的评价，贴的标签会直接在孩子的心里印刻出一幅画面，影响孩子对自己的认知，影响孩子的人格结构。我是教育者，跟很多的父母有过接触，我能够深刻地理解到，父母评价孩子其实是希望孩子好。有的父母经常这样夸孩子，试图用"宝贝，你真棒！你真聪明！你真漂亮！你真厉害！"等话来增强孩子的自信心。这些话大家都熟悉吧，但是这样说效果真的好吗？

我们是要学会表扬孩子，但记住，一定要表扬他的过程和动机，而不是表扬结果。

父母在培养孩子的过程中，形成了不同的思维模式。当孩子表现好的时候，我们不能夸奖他聪明，那我们该如何正确鼓励孩子，帮助孩子形成成长型思维模式呢？其实不难。以这位妈妈为例，当孩子通过自己的努力取得好成绩的时候，可以有两种方法。第一种描述法，可以把看到孩子怎么努力学习以及学习上取得进步的地方说出来，比如"妈妈看到你每天都学习到很晚，遇到了不懂的题会主动请教老师，你付出了很多努力，克服了很多困难，取得了好成绩"。第二种是以孩子的感受为主、询问感受的方法。当孩子考试取得好成绩，特别开心回来的时候，让我们带着惊喜、好奇的态度去问："宝贝，你感觉怎么样？你是怎么做到的？"这个时候，孩子很可能会把他如何做到的，遇到困难是如何克服的，以及最终取得好成绩的过程分享给我们，让孩子自己去评价，让孩子感受自己的内心，感受自己的成功，来增强孩子的自信心和价值感。

每个人都会对"自己是有天赋的"这件事有着天然的向往。父母如果简单表扬"宝贝，你真棒""你有天赋""你善于弹钢琴"，这种表扬就会让孩子觉得天赋重要，努力不重要。如果努力不重要，那从现在开始就少做事情，做得越少越不会错，还能得到表扬，这多么令人向往。孩子就会越来越觉得"不努力也能很棒"。

有一段时间，我发现我家儿子也存在这样的问题。他很认真地在练吉他，但是他又想表现出自己没有好好练习也能够弹得非常好的感觉。于是，我在表扬他的时候，刻意进行了引导。我不表扬他吉他弹得好,而是表扬:"哇,你今天练得真好,练得认真、投入,你下了工夫,最近进步很快。"就这样把表扬结果变成了表扬过程。

父母意识到,并让孩子也意识到过程和动机比结果更重要,这样,孩子才能逐渐养成成长型心态。

如果父母一看到孩子做错了事、遇到了挫折,第一反应是说,"怎么搞的?怎么错的?为什么跟你说了很多遍都不会",这就是太重视结果了。为这么一个结果,你在发飙。

其实,就算孩子考不上好的大学,我们也不要用面临末日般的态度来对待孩子。没有人规定一个人18岁一定要上大学,以色列人20多岁才上大学。

我们只是服从了自己的惯性,觉得孩子18岁必须考上大学。有的父母觉得孩子不上大学,天都塌了。那么,那些没有上过大学的人都不能追求幸福的生活了吗?很多父母非常奇怪地执着于结果,导致自己和孩子一直处于压力中。如果父母能轻松一点儿,引导孩子总保持学习的心态,从各种事情里学到一些东西,孩子的成长就会好很多。

记得有一次,儿子回家告诉我,数学考试只考了75分。我很平静地表达了自己的感受,就是"我觉得很奇怪,是什么原因呢"。

他自己总结,做题的时候,没有发现考试卷子背面还有题。我当时就被逗笑了。有时候,我觉得孩子犯点儿错是很萌的。我希望我们家长今后能看到孩子犯错时不再生气,而是觉得孩子萌萌的,很可爱,我们的心态是"多好玩,这孩子真可爱"。我们要懂得珍惜孩子这些可爱的时刻。

我对儿子说:"我过去也发生过这样的情况,忘记答题,那咱们这次要学会点儿什么?"

儿子说:"我学会以后把两面都看一下,再交卷。"很好,这就是学习。

家长应该强调的是从过程中学习,从经验中学习,而不是整天去强调结果、排名,强调你孩子是不是足够聪明。

第四节　终身成长的思维，允许失误和挫折

《终身成长》是斯坦福大学的心理学家卡罗尔·德韦克（Carol Dweck）的作品，任何具有终身成长态度和思维的人都能摆脱束缚，战胜挑战，进而推动各自的成长。

该书的核心就是把每个人从过去的天才型思维变成成长型思维。曾经大家必须证明"我是这个屋子里最聪明的人"，导致有问题大家互相推诿、相互责怪，因为"我不能错，都是你的错"。而现在变成了"我们可以一起从中学点儿什么"，从一件看起来不太美好的事情里吸取一些经验和教训。这种思维方式不只针对教育孩子，对带领团队、管理公司，对自己的个人成长同样管用。

孔子追求吾道一以贯之，老子的《道德经》第四十二章的第一句话是："道生一，一生二，二生三，三生万物。"大家都希望一通百通。彼得·德鲁克（Per F. Drucker）说"管理就是最大限度地激发别人的善意"。"善意"这个词显得过于笼统，究竟哪方面的善意才是我们需要去激发的？我个人认为"终身成长的心态"是最接近的答案，这种心态在任何领域都适用：用来管公司，没有问题；用来带团队，没有问题；用来自己创业、学习、精进，都没有问题。

好多人学习进步不了，原因就是他们对自己的评价总是："我为什么没记住？""我怎么又忘了，我是不是脑子有病？"总觉得自己的记忆力有问题，学不会很多新知识，考不出好成绩。

这就是一个人太在乎结果，对自己太严厉，太喜欢批评自己了。当一个人太喜欢批评自己的时候，会对学习产生负面情绪，比如："为什么我做过好多次的题，还是做不来？"实际上，你已经记住了一点点，只是还有一些没记住。如果你会因为自己记住的那一点点，好好地认可自己，看到自己在记住的知识里找到一点点开心，才能学得越来越好。

一个人之所以对自己如此苛责，与小时候父母的严格是有关系的。所以，学习终身成长的心态，不仅是当好的父母，更重要的是善待自己，把自己的心理状态调整好，对自己比对孩子更有利。你要是自己都调整不好心态，就没有更多的能量去教育孩子。

反之，当你开心地学习，在积累中进步，才能在孩子身上看到同样的优点。而如果你只是自责、自责、再自责，你心里很难受，一定要找个人发泄一下，就有可能把责任推给孩子，觉得孩子耽误了自己的事业。

恶性循环和良性循环这两者是可以选择的，选择权在你手上。你可以选择做一个终身成长心态的人，而不是一个固定型心态的人。

希望我们可以帮助自己和孩子了解从每次挫折中学习的重要性，从每一个成就中学习的重要性。无论是从挫折还是成就中，我们都能从中学到东西。

失败是一种人生常态，一次考试的失败并不能判定孩子这门课程的优劣，我们需要的是面对这次失败，去想办法解决它，并从中吸取经验、教训。

这样的孩子才不用天天向别人证明自己，因为没有人在乎别人种种细节。人们没有那么多的闲暇时间整天盯着他人看，注意力也是一种投入。所以，管好自己的事，让自己不断地进步，不要背包袱，轻松上阵。

第七章

青春期孩子成长过程中的关键性问题

  我真心希望每个人都能建立独立、完整的自尊体系，不依赖外界的任何权威，千万不要觉得我的一问一答就是正确答案。

  面对大家提出的问题，我都会认真作答，但绝不是唯一答案，仅供大家参考。

  我相信生活中的每一个问题，只要做个有心人，认真阅读，在书中都有答案。

第一节　烦恼关键词：叛逆管教

问题1. 女儿青春期叛逆，我该怎么管教？

陈述：

我女儿12岁，要上初中了，处于青春期，比较叛逆，很难沟通。很多时候，我要和她沟通，她都说"你也不懂"。面对中考，我更焦虑。

解答：

你们虽然互相不懂对方的世界，但也能好好相处，至少可以保持尊重。

我们去反思有的教育，就像生产冰棍儿的格子，一浇注，最后出来的冰棍儿都差不多。在这个世界上，每个孩子的成长都是复杂的过程，而不是一个简单的过程。如果我们要简单地应对，最后孩子就成了一个平庸的人。其实，这不是孩子的问题，而是大人的焦虑无处安放。

一个妈妈的原始本能是"保护女儿""我们不能输在起跑线上"。很多人不会判断对错，他们判断对错的唯一标准是别人在干什么：别人跑，自己也跑，即便不跑才是对的。我们如果被原始的本能驱动，就会变成"别人争学区房，我也要争""别人都上重点，我也要上"，却忽视了你的孩子有不一样的成长方式。而且，换个角度来说，你不管孩子，也许孩子更加努力。这并不是佛系，而是耐心，可能你会明白你的努力也许只会让事情变得更糟。

孩子到了12岁，父母要干预的事情其实不多了。和青春期的孩子相处，要学会三条：

第一条，也是最重要的一条，保护孩子的安全。

第二条，和孩子建立情感的沟通。

第三条，分享父母的成长经历。讲一讲你当年犯过的错，走过的弯路，遇到挫折的时候是怎么思考、怎么战胜困难的。

父母只能耐心地等待孩子找到自己人生的使命。

实际上你放心，小孩子也是一只"小野兽"。孩子也想上重点高中，她看到别的同学都想去，她自己也会想去，而且上重点高中多有面子。我当初带的一个班，全班90%的孩子目标都是考上重点高中。此时，父母只需给孩子时间去安排自己的学习，考上就读，考不上就不去，如此而已，不必焦虑。

有时，在你"腾"的一下火气上来的时候，你要学会先做深呼吸或后退两步，让你的焦虑下降。等你的情绪恢复正常了，再和孩子沟通。时刻提醒自己，耐心很重要。

孩子要过自己的人生，你是一名花园的园丁，你要让孩子自己成长起来，长成她想要成为的样子。园丁可以影响花，你可以用正确的价值观引导孩子，让孩子看到更美好的世界。当孩子的眼界开阔了，价值观正确了，有了梦想，就不会浪费自己的生命了。

问题2. 孩子不懂得尊重父母，我该怎么办？

陈述：

我儿子上初三，比较叛逆。我怕他学习太累，晚上送水果给他，儿子头也不抬地说放桌子上。过了一会儿，怕他肚子饿，于是又倒了牛奶送进去，可没想到他会说："你是不是犯贱啊，为什么总是要打扰我！"

我明明费尽心思养孩子，甘心付出，为什么累死却得不到孩子的尊重？

解答：

我叹了口气，孩子对妈妈如此不尊重确实不对，作为家长，肯定是要严加管教。可仔细想想，孩子成为今天的模样，又何尝不是家长平常对孩子的娇纵造成的呢？李玫瑾教授曾经说过："孩子的很多问题都是家长造就的，家长的问题若不解决，孩子的问题也解决不了。"

孩子不尊重父母，原因并不是出在孩子身上，而是来自父母的教育方式。想想孩子从小到大的每一个瞬间：第一次撒泼哭闹，第一次辱骂长辈，第一次出手打父母等等，每次孩子做出不合适的举动时，如果父母的反应不是阻止与训诫，而是任其发展，那么，父母一次次的娇惯，会把孩子养成不守规矩、没有礼义廉耻、不懂尊重父母的白眼狼。所以，家庭教育中，若纵容、溺爱、无底线地容忍、无原则、万事顺从，这些关键词在父母的行为中频繁出现，不仅养不出感恩的孩子，还会毁了父母的后半生。那么父母该怎么做？

生活中，很多父母打着"为你好"的旗子，不顾孩子的意愿插手孩子的选择，以为这样孩子就能成才。殊不知，控制型教育，会使孩子变得沮丧和焦躁，影响他们的自尊，进而对父母产生反感和深深的绝望。在心理学上，这种"单方面施与"被称为"非爱行为"。心理专家认为，长期感受不到爱与尊重的孩子，也学不会尊敬别人，反而更容易误入歧途。

一切"问题"都根源于，父母用控制代替尊重，用命令代替启发，用怀疑代替信任，让孩子的生命找不到出路，找不到爱。父母对孩子真正的爱，从来都是一场得体而不失温暖的退出。当孩子被尊重，拥有了健康的人格，自然会对父母多一分理解，多一份尊重。

那么，究竟怎么样的父母能养出懂尊重的孩子？

父母要懂得立规矩。这样的家庭才能让孩子拥有真正的教养和正确的三观，才能真正学会尊重他人。

父母要懂得肯定、鼓励孩子。心理学上有一种现象叫作积极权威期待。意思是，如果你想一个人变得优秀，那你就肯定并鼓励他。优秀的孩子，离不开父母的肯定。只有从小被父母肯定，孩子才会一辈子尊敬与感恩父母。

父母要言行一致，做好榜样。现实生活中，很多家长都是用"双重标准"要求孩子和自己。比如，不许孩子看电视、玩手机，自己却天天追剧、打游戏；要求孩子每天早睡早起，自己却熬夜睡懒觉；要求孩子爱读书，自己却从来不学习……有句话这么说：孩子永远不会乖乖听大人的话，但他们一定会模仿大人。真正能够赢得孩子尊重和信任的父母，一定会注意自己的言行，不断努力提升自我，以一个好榜样赢得孩子的尊重。

父母对孩子的爱是无条件的爱，这种爱，不是溺爱，不是控制，而是尊重与认可，放手让孩子尝试追逐自己的梦想。

这种爱，是给孩子足够的自由，又能约束他的行为，为他立规矩，做人生指引。这种爱，是用榜样的力量，让孩子在潜移默化中长成父母所期待的样子。

唯有这样的爱，才能真正融进孩子的生命，让他们懂得尊重他人，学会感恩，成为独立又温暖的人。

第二节　烦恼关键词：教育分歧

问题：夫妻教育孩子有分歧，总是引发矛盾，该怎么办？

陈述：

我有一个问题是关于家庭关系的，我和先生常因为孩子的教育问题发生争论。我通过学习明白了，教育好孩子的前提就是家庭关系要好，而且夫妻关系比亲子关系更重要。

我们的分歧总是以孩子为中心，我老公经常很焦虑，经常挑孩子的一些小毛病，我却觉得不是什么大问题。比如，孩子冬天衣服穿得少，很多青春期孩子，天冷都不愿意多穿衣服。我老公就会不停地烦他是不是要好看了，想谈恋爱了……

我会去参加家庭教育培训学习，让先生也参加，但他不愿意。

解答：

这是一个很普遍的问题，大多数家庭都是以孩子为中心的。实际上，给孩子带来最大安全感的是，父母有自己的生活，父母有自己的追求，父母的人生在孩子看来是很棒的，孩子才会对人生充满希望。你的问题可以尝试一下以下三种方法。

第一个方法：你先生现在不知道孩子的问题其实是有方法可以解决的，才会觉得自己不要听那些"没用"的东西。实际上，他得了解了才知道有没有用。你可以在开着车的时候，和他一起听一听李玫瑾老师讲的课。

《你的生存本能正在杀死你》这本书从生理学、遗传学的角度告诉我们，父母为什么会对孩子这么焦虑。研究儿童教育的人都知道，父母越是焦虑地把全部注意力都集中在孩子身上，就越不利于孩子成长。

焦虑是因为我们体内原始的兽性还在。人从原始社会走过来，靠的就是焦虑。那时的人每天不停地担心山洪暴发、猛兽来了等各种各样的事发生。

你先生得理解自己的焦虑来源，才能知道自己的焦虑是不是过分了，再慢慢地调整教育方法。适度的焦虑带来的是重视，而不是痛苦。如果父母天天用焦虑的方式对待孩子，孩子就永远不知道自己该朝哪儿走。他只能随着你们的指挥棒走，你们推一下，他动一下，这是让人非常痛苦的一件事。

第二个方法：要想改变现状，我建议你和你先生来一次"关键对话"，可以用《如何高效能沟通》这本书教的逻辑、步骤跟你先生谈话。要和他塑造共同目标，比如说，"我俩都希望能让这个家变得更好"，而不是张口就吵架。吵架代表着双方根本没有塑造共同目标。脾气不好的时候，你可以尝试先道歉，说："对不起，我刚刚的表述可能不太对，我重新说一下。"

这样，有助于维护良好的谈话氛围。你先生看到你读了这么多书以后，人发生了改变，他才能相信读书这件事的重要性。他一直不相信你的推荐，很有可能是因为他觉得你听了这么多讲座，读了那么多书，反正也没什么变化，还白花家里的钱。

第三个方法：换一个角度想，就算你先生改变不了，那你要怎么做？

你可以自己先变得放松一点儿，家里有一个人那么操心就够了。你可以开心地去干自己的事，开心地把自己的生活经营得更好。

你可知道，所有人改变世界最长的路径就是想通过别人来改变这个世界，而改变这个世界最短的路径就是改变自己。

如果你自己变得放松了，改变了很多，你的孩子和先生都能够感知得到。

以上是三种不同层次的解决问题的逻辑，都可以试一下。相信每个人都有解决自己问题的能力和智慧。

第三节　烦恼关键词：生命教育

问题：如何跟孩子谈论生命教育的话题？

陈述：

我去年做了手术，孩子看着我从手术室出来的样子，哭得很伤心。当时我问孩子："为什么要哭？妈妈没事，你放心吧。"孩子说："我要永远跟你住在一起，我害怕你离开我。"涉及生命这个话题的讨论，我是一个新手，不知道怎样跟孩子沟通？

解答：

生命教育是一个非常重要的话题。

心理学家建议我们给孩子进行有关生命的教育时，可以带着幼小的孩子去看一棵大树。当孩子观察大树的时候，大人可以慢慢告诉他，大树在生长，在开花，在结果，到了秋天，要落叶。落叶相当于一部分的生命的结束，但落叶飘下来，又会去滋养大树的根部，让大树长得更好，这就是生命生生不息的过程。通过这种方法，让孩子理解结束其实是生命的一部分，也让孩子懂得要珍爱生命，生命虽然短暂，但我们要活出价值，活出生命的意义。

我和我家孩子做关于生命的讨论，是在清明节的时候。我们每年都会带孩子去给奶奶和外婆扫墓。我儿子看到有很多人在烧纸，他不明白，就问我："妈妈，他们在干吗？"我说："他们在跟已经不在这个世界的亲人沟通。他们用这样的方式，希望不在的人能够接收到他们的爱和关怀。"

后来，有一次我们提及多年以后，如果爸爸妈妈走了会怎么样。我儿子说："我给你们烧纸，我等着你们回来。"

很感人，孩子们很爱父母。就算父母打孩子，孩子依然爱着父母。孩子对父母的爱才是真正无条件的爱——孩子爱父母要远胜过父母爱孩子。大人们总是觉得自己对孩子已经很好了，已经掏心掏肺了，但其实孩子对父母的爱才是刻骨铭心的。无论父母多糟糕，甚至多不好，孩子还是会无条件地爱父母。

父母还可以和孩子一起看电影《寻梦环游记》。在《寻梦环游记》中可以找到家长教育孩子的好方法。亲人故去，但家族之间的联系、心中的怀念都是很重要的。孩子们会明白，亡灵节不一定存在，心中对于逝去的人的怀念却是重要的。让孩子明白生命的离别并不是最后的告别，只要不被遗忘。

父母一定要记住，当孩子问这种很重要的问题时，千万不要惊慌。孩子的注意力是短暂的，也许，他过五分钟就跑去玩游戏了，或者去看别的东西了。不要太紧张和担心，生命教育跟性教育是一样的。有时候，当孩子问一个和性有关的问题时，家长就很紧张。实际上，孩子问完就转移注意力了，家长的内心要放松，不用谈性色变。在平时的教育中渗透生命教育和性教育就可以了。

第四节　烦恼关键词：二孩家庭

问题1. 二宝出生后，大宝非常失落，我该怎么办？

陈述：

我有两个儿子，小儿子才4个月。在小儿子出生到现在的这段日子里，大儿子变化很大。自从有了弟弟之后，什么事情都需要别人帮他去做，比如早上起床，衣服要我拿等。因为我还得照顾小弟弟，他觉得自己特别委屈，学习也不认真，学校老师已多次反映这个问题。我想跟他沟通，他却总是拒绝，和我发生冲突。有时候，他还把我锁在门外。我现在只能不说话，想等他愿意沟通的时候再沟通，可是我总等不到这个时间。我不知道怎么做能更好一些？

解答：

国际著名亲子沟通专家阿黛尔·法伯曾提出这样一个假设：如果有一天，你的丈夫突然伸手揽住你说："亲爱的，我爱你爱得一塌糊涂，我决定了，我要再找个跟你一样的妻子！"你的反应是什么？这其实就是老大的反应。老大眼中的老二，就像那个突然闯进来的"第三者"一样。

有一个心理学家告诉我一套流程。在生小孩子之前，要对大孩子说："爸爸妈妈很爱你，你表现得特别好，我们要给你一个特别的礼物，陪你的时间比我们陪你的时间还要长，这个礼物是你的弟弟或者妹妹。"

随着肚子里的孩子越来越大,你要让大孩子参与进来,让他去照顾这个新成员,去摸肚子,感受胎动。生孩子的那一天,要准备两个礼物,一个礼物给小的,一个礼物给大的。然后把两个礼物都给大孩子,说:"这个礼物是祝贺你成为哥哥,你今天要成为哥哥了。这个是用来迎接弟弟或妹妹的,你来负责迎接他(她)。"让他拿着两个礼物,和大人一起去医院。见到弟弟(妹妹)的时候,让他把礼物给弟弟(妹妹),说:"欢迎你来咱们家。"这一刻,这两个孩子之间就会建立起连接。大孩子会感觉到有个小弟弟(妹妹)是件快乐的事,因为他得到了一个非常难忘的礼物。

以上是理想状态,如果学习了这样的方法,大孩子的情绪就会更平稳地过渡。如果做不到,就要尽量照顾两个人的情绪。

大孩子会觉得家里的人都在忙着照顾小孩子。有的亲戚来看孩子的时候,说的话非常糟糕。他先看小的,看完之后,看到老大,就对大孩子说:"你完了,你爸妈不要你了,跟我走吧。"他本意是和孩子开玩笑,但这是吓唬孩子,会给孩子带来很大的心理阴影。这个孩子就觉得自己都要被带到别人家了,产生紧张的情绪。所以要和亲戚们沟通,不要说这样的话。万一有人说了这样的话,要立刻制止,去安抚大孩子,这样才会让大孩子感觉没有被忽略。

接下来,就是让大孩子参与到照顾小孩子的过程中,让他来帮忙。对孩子讲话是有技巧的,如果你说"来,帮妈妈做什么什么事",孩子就会说"我不去"。如果你说"愿意成为妈妈的帮手吗",效果会更好,商量的语气要比命令的语气有效得多。这就是和孩子沟通的小技巧。让孩子参与进来,让他体会到照顾弟弟或妹妹的成就感。

这个阶段肯定会有些麻烦,不要因此而焦虑,要更多地发现大孩子的亮点,更多地鼓励、肯定他,塑造他的行为,还要对他的付出表示感谢!

这样的话,孩子就更容易走出他的焦虑期,感受到父母对他和对弟弟是一样的,兄弟俩都享有父母的爱。在孩子感觉失落的时候,可以给他买礼物,让孩子开心一下。

问题2.老大打老二,相互争宠,我该怎么办?

陈述:

我当初为了能让大宝多个亲人,生了二宝。哪知道大宝一点也不体谅我的苦心,有了二宝之后,大宝就变"坏"了,不但爱发脾气,还经常动手打弟弟,时不时地把弟弟大腿内侧掐得紫红。有次,大宝故意把二宝的玩具弄坏,还当着我的面扔在二宝的脸上,二宝就哭着来告状,我不知道怎么教育?

解答:

当妈妈与二宝"坠入爱河"时,老大对于二宝与生俱来的敌意就会加深。而且,当两个孩子发生矛盾时,妈妈看到的往往是老大的问题,却很少看到他背后的委屈。要知道,老大一切不可爱的行为,都是在呼唤爱。

老大通过一些反常甚至极端的行为来表达他的抗议,他想要获得父母的关注。只有父母的目光和关注在他身上时,他才能确定自己是被爱的,是不可替代的。

所以，当老大出现明显敌意或者攻击性行为时，父母的处理方式对老大的影响非常大，它决定着老大今后怎样面对弟弟或妹妹。

在二孩家庭里，如果老大的情绪和行为发生了明显变化，父母却置之不理，没有采取积极行动化解的话，则极有可能让老大陷入焦虑、无助的状态。

最近，湖北的梁女士家里发生了一件糟心事，6岁的女儿视力突然下降，走路动不动就摔倒。医生却发现了一件奇怪的事情，经过检查，孩子的视力仅为0.15，进一步测验却发现，孩子的眼睛状况是正常的。

与家长沟通之后，医生得知梁女士在生下儿子之后，女儿便觉得自己受冷落，这才引起了"癔症性眼盲"。随后，医生对女孩说："我有一个特别神奇的药水，滴几滴眼睛就好了。"结果，再次给女孩测试时，她的视力恢复到了1.0。

美国儿童心理学家鲁道夫·德雷克斯说："一个行为不当的孩子，是一个丧失信心的孩子。"二孩的到来，很可能会让老大丧失对自己的信心，他会通过寻求关注来找到归属感。因此，当老大用极端行为来寻求关注时，身为父母，我们一定要多一分理解，多关注一下那个内心脆弱的孩子。

有人曾说：作为第一个孩子，曾经独占父母的爱和整个世界，而后又被迫学习分享，他的态度是紧张的、易怒的、敏感的。作为父母，处理好大宝和二宝之间的关系，是我们必须做好的功课。

首先对孩子的关注要平均，但爱要独特。很多家长信奉"一碗水要端平"，痴迷于绝对的平等，给孩子的东西要一模一样，完全平均。

但是，你会发现，孩子并不买账。相信大家都遇到过这样的场景：当你切了两块一模一样的蛋糕时，总有孩子会说："你给他的比给我的多！他的比我的大！"你开始急了："没有啊，我给你们的都是一样的，完全一样的。"可是孩子不一定相信你的解释。当孩子提出质疑时，最好的做法是，按照其独特的个体需求来给予满足，而不是忧虑给孩子的东西是否完全平均。

我们要关注每个孩子的个体需求，同时也要给孩子独一无二的爱。

对于大宝，可以多安排他与父母之间单独相处，制造特殊的回忆，多倾听大宝的想法。《唤醒半睡的自己》一书中有这样一段话，你可以说给大宝听："你是我们的第一个孩子，我们是你的父母。我们百分之百地爱你，你比弟弟妹妹先来，你已经拥有我们百分之百的爱，还会继续拥有我们百分之百的爱。"只有大宝打心底确信父母的爱从未变过，才会对二宝展现出爱。

其次要抛弃"大让小"的想法。"老大就应该让着老二"这句话的杀伤力太大了，会同时伤害到两个孩子。这句话是对老大的"道德绑架"，它残忍地压制了老大的感受，怀疑自己是否被爱。同时，也是对老二的肆意纵容，可能会让老二无视规则，恃宠而骄。

美国杰出的教育家简·尼尔森说：要同等对待两个孩子，这样才不会让一个孩子形成"受害者"心态，另一个也不会形成"欺压"心理。所以，当两个孩子发生矛盾时，要按规则办事，而不是奉行"大让小"的原则。

最后，让老大拥有参与感和成就感。聪明的父母应该懂得给老大贴心安排一些小"工作"，这样才能体现老大的价值感，有了价值感和参与感,老大就有了归属感。他会明白,我当了哥哥(姐姐)后,不仅没有失去爱,还多了一份责任感,一份属于这个大家庭的责任感。他也会明白,有了二宝,只是世间又多了一个我爱的人和爱我的人而已。

第五节　烦恼关键词：单亲家庭

问题1.发现孩子自虐，我该怎么办?

陈述：

我一个人带着孩子生活，一次，发现孩子有自虐现象，我很难过，也很害怕。平常我会告诉孩子"爸爸和妈妈不在一起了也会照样爱你"。除了这样沟通之外，我想问一下，我还可以做一些什么？

解答：

如果我们不断地向这个社会强调，单亲家庭不是问题，反而会给孩子带来大量的心理负担。现在离婚率很高，单亲家庭很多，没有任何证据表明，单亲家庭的孩子就一定成长得不好。

问题的核心在于一个家是不是缺少爱。有的家庭，父母都在，却也有孩子自虐的情况。你觉得他疼，但他因缺爱而麻木。他需要的就是这种感觉，疼的感觉能给他带来快感。

读完《身体从未忘记：心理创伤疗愈中的大脑、心智和身体》这本书后，我明白了一个人为什么会自虐，在成长过程中，养育者的长期虐待和忽视，会让一个孩子在将来的生活中难以建立与别人相互信任的人际关系。

当一个孩子伤心、绝望、被伤害后内心特别痛苦的时候，他需要的是倾听、接纳、关爱、鼓励，陪伴者要有耐心。

这样的孩子很容易叛逆，你对他很好，他可能反而会做出一些行为反复的事。有部电影《心灵捕手》讲的是一个教授如何帮助非常叛逆的孩子，让他生活慢慢步入正轨。

除了给他爱、耐心、等待，我们其实没有特效药。

我当了24年的班主任。我刚工作不久时，班里有一个孩子的妈妈突然离世，由于妈妈看病花去家里所有的积蓄，家庭条件很差。那时吃饭要用饭票，我把自己的饭票都给了这个孩子，还经常邀请她到家里，帮她补落下的功课。到了冬天，孩子手上都是冻疮，学习也不好。我就想办法照顾这个孩子，给她织手套、找衣服穿。后来，这个孩子成长得很健康，长大后，也有了很好的工作，和我经常联系，保持了一辈子的良好关系。家长也可以和班主任老师或心理老师聊聊，寻求一点帮助。

作为家长和老师，都不要强调家庭背景对孩子的影响，这会让孩子压力巨大。在这样的情况下，即便有机会变好，也会放弃，因为变好了，就不是别人口中的单亲家庭的孩子了。而单亲家庭给了他一个很好的借口，尤其在青春期的时候，还没有建立独立、完整的自尊体系，他很容易找借口说"我不行，我是单亲家庭的孩子，所以我做不好"。他就朝着不好的方向走了，毕竟学习是一件需要努力的事情。

我们能做的事，就是给他爱，让他感觉被爱、有家。有家的感觉未必就一定要和父母在一起，给他爱的可以是老师，也可以是他人。当一个孩子拥有了家的感觉，找到了归属感，感受到了有人关爱他，哪怕这份爱不是来自自己的父母，而是来自自己的一个小学老师，或者来自自己的邻居，他依然会感觉很幸福。

在此，我也呼吁——我们每个人都有可能会接触这样的孩子，我们不要只是感慨，或者对自己的孩子说"他多可怜，你多幸福"，我们不是只生活在自己的小家里。一个陌生人的善意，也有可能会改变一个孩子的一生，我们要力所能及地做一些有爱的好事来善待他们。

问题2.孩子极度焦虑、易怒，已经辍学在家，家长该怎么办？

陈述：

我家孩子上七年级，脾气很大，已经休学两个月了。我离异了，孩子平时是我和老人在带。我管教严厉，有时会使用暴力，他说："你们都不爱我，不用你们管。"

解答：

这件事本质上一定是父母和孩子的关系造成的，暴力之下，孩子就会焦虑。如果大人整天批评、指责孩子，就会让他有这样的认知，自己总是不对的。

所以，如果已经这样了，让孩子休息一段时间其实没什么不好。最重要的是改变你和他互动的方式，你要了解怎样跟孩子建立爱的关系，怎样让孩子感觉到妈妈是爱他的。

因为他会觉得："爸爸已经不在身边了，妈妈又天天骂我。妈妈如果也不爱我，活着还有什么意思，我的人生没价值了……"当他觉得人生没有价值的时候，他就不明白：为啥要学习？为啥要上学？上学没价值呀，我这是为谁呀？

此时，大人就得先跟他建立爱的连接，之后，慢慢地带着他一块儿探索这个世界，让他知道学知识的好处，和他一起读书，让他感受到有知识、有文化的那种美好，逐渐带他走出困境。

其实，孩子休学半年、一年不是什么大事，千万不要觉得"完了，这都休学一年了，以后怎么办"。不要紧，有很多人还带孩子环球旅游一年呢，回来照样跟得上，只要孩子有学习的内驱力，就会主动学习。

你要和孩子一起正确地看待这件事，对孩子说："咱们的互动可能有问题，妈妈决定改。趁这个机会休息、学习，我们共同找出一个更好的互动方法。"建议你可以看一看《读懂孩子的心》这本书，还可以带着老人一起学习，老人偶尔使用暴力也是不可以的。过去都说老人溺爱孩子，现在有的家庭使用暴力的正是老人，因为老人的精力不济了，精力不济的时候最容易暴躁，最容易发脾气，就会变得对孩子特别凶。可能还会说，"你爸爸都不要你，看你妈妈多辛苦"，好像都是孩子的错，孩子就认为自己就是罪和恶的源头。

妈妈在孩子身上要多下一点儿工夫，让他感受到爱和安全感，多鼓励他、肯定他，给他指引正确的方向。慢慢地，再找到新的机会，相信孩子会自觉去上学。

实地讲座
父母如何陪伴

讲座实录

教育是一个系统工程。一个孩子的成长是内部动因和外部环境共同影响的结果,需要家校共同努力、相互协作,形成教育合力。孩子是教育的中心,教育要想尽办法让孩子站在正中央。学校教育重"求知、明智",家庭教育重"修身、养志"。家长和教师要不忘初心,回归本源,各司其职,各美其美,构成完整的育人体系。

习近平总书记在全国教育大会上指出,家庭是人生的第一所学校,家长是孩子的第一任老师,要给孩子讲好"人生第一课",帮助孩子扣好人生的第一粒扣子。教育部长陈宝生说:家庭是人生最重要的场所。少年时,我们为人子女,在父母的影响下迈开了人生的脚步;中年时,我们为人父母,在陪伴子女成长的过程中影响着他们的人生。家庭,永远是孩子真正诞生与成长的摇篮。家庭教育不到位,不仅会抵消学校教育的效果,还会对孩子造成一定的消极影响。每一个问题孩子背后,都有一个问题家庭。我认为:唤醒家庭、父母,比唤醒孩子更为重要。每个孩子都需要被看见,都需要被尊重。

学校老师仅仅依靠一学年几次家长会来影响家长,希望家长改变养育模式,那是远远不够的。我还会依托名班主任工作室,借助"心享吴兴"志愿者平台,招募有志于家庭教育的心理专家,积极开展每月一期的"幸福父母大讲堂"。另外,我还在学校或校外社区等场所举办内容丰富、形式多样的家庭教育沙龙。以下是我在实操过程中选取的部分讲座,供大家参考。

第一讲　学做智慧家长陪伴孩子度青春

应织里实验小学领导的邀请，并在区德育教研员虞老师的牵线下，有幸在这里遇见你们，遇见是一种缘分！我今天最重要的"身份"是家庭教育导师。讲到身份，我想到西方哲学三大终极问题，"我是谁？我在哪？我在干什么？"这三个问题也是干扰我们每个人一辈子的问题。简单理解就是要了解自己、认识自己、树立目标，这样人生才不会迷茫。

父母的学习很重要，父母的学习态度，决定孩子的未来。我们没有理由不重视家庭教育。

好的家风是孩子成长的风向标。家风是什么？孔子说：君子之德风，小人之德草，草上之风，必偃。意思是上层执政者的道德品质就好比是风，平民百姓的道德品质就好比是草，当风吹到草上面的时候，草就会跟着风的方向倒。

风是无形的，但风有力量，家风也是一种潜在无形的力量，在日常的生活中潜移默化地影响着孩子的心灵，塑造孩子的人格，是一种无言的教育、无声的力量，是最基本、最直接、最经常的教育，它对孩子的影响是全方位的，孩子的世界观、人生观、性格特征、道德素养、为人处世及生活习惯等，每个方面都会打上家风的烙印。可以说，有什么样的家风，就有什么样的孩子。所以，有句话说父母是

"原件"，孩子就是"复印件"，非常贴切。

"任何成功都无法弥补孩子教育的失败！"忙，不是疏于教育的理由！家庭教育已经成为一个世界性的课题，家庭教育的好坏，直接影响着孩子能否健康成长，人格能否完善发展。我们相信父母都是爱孩子的，爱的方式决定了父母与孩子的互动方式，孩子的人生就开始了不一样的轨道。

那么，你准备给孩子什么样的爱呢？你要爱孩子，首先自己要有感受爱的能力和感受幸福的能力。感受幸福是一种能力，你有感受幸福的能力，才能让你周围的人感受幸福。

我经常会被某个人、某件事或某句话感动着、点亮着。尼采说："每一个不曾起舞的日子，都是对生命的一种辜负。"复旦大学博士生导师陈果说听到这句话的时候，有种后背发凉的感觉，有一种下跪的膜拜感，我也对这句话特别有感触。这句话不是代表我们每天要在大街上跳舞，生命起舞就是要把你的人生活成值得庆祝的人生，我经常告诉自己，我要把我的生命活成一个礼物，每天都要值得庆祝，感悟当下的幸福。每个人的一生都由过去、现在和未来组成，我说完这句话，这句话就成为过去了，所以过去是现在的过去，未来是什么？未来是现在的延续，所以活在当下，能感悟到当下的幸福是最重要的，过好当下的每一刻，你才会活出了过去和未来的精彩。我在这里讲课的时候，我的心里只有你们，我的眼里只有你们；我在学校上课的时候，我的心里只有学生，我的眼里只有学生。我全然地沉浸在这个当下，那也是一种幸福。

其实，我们现在这样忙碌的生活，每个人都在拼命工作，赚钱养家，不妨每天给自己一段空暇时间，静下心来仔细想想人生的真谛。人活一世，到底是需要做些什么才会让我们在这个世界上过得更有意义，更能体现我们的价值。

我们要知道：在工作、生活中，有人会喜欢你，也有人会讨厌你，有人会欣赏你，也有人会骂你，你会遇到幸运的事情，也会遇到糟糕的事情。

你可能在某个领域、某个环境，如鱼得水、大放异彩，同样，你也可能在某个领域、某个环境，一窍不通、输得一败涂地。但没有关系，生命就是这样美妙，让我们拥有不同的体验。

你要告诉孩子的是，当好运、快乐、自由、成功来到你身边时，拥抱它们，告诉自己，你值得拥有一切的美好！当指责、谩骂、失败、痛苦来到你身边的时候，拥抱它们，告诉自己，你生命的厚度因为这些经历而不断增加。

守得住辉煌，耐得住寂寞，自由翱翔在属于你的生命旅程当中。当你达到这样的心境，你每天都在拥抱幸福，你将活出太阳的品质，永远充满青春活力，拥有无限可能。在生命的春天里，尽情燃烧吧！让自己活出一道光去照亮别人！这就会提升孩子的自我价值。

所以，家长要感知当下，活出最优秀的自己，做有幸福感的父母，才能影响孩子成为有梦想、会追求幸福感的人。

下面让我们简单了解下青春期到来的标志：孩子身体开始长高了，脸上冒青春痘了，女孩子开始来月经，男孩出现遗精。这时候父母该做什么？我们要帮助孩子认识自己的身体，告诉孩子这些事情是正常的，告诉孩子该做些什么、准备什么，女孩可以选择一些适合自己的文胸、适合自己的卫生巾。但也有一些孩子不知道这些常识，曾有一个小女孩月经初潮用洗冷水澡来"止血"，结果得了一场大病。也有些家长不恰当的玩笑会害了孩子，有个爸爸当女儿来月经的时候说："哎，女儿，你可倒霉了，来月经可麻烦了。"之后，女儿每次来月经就特别烦躁，恨不得成为男孩子。遗精是男孩性成熟的标志，如果有一天儿子说"我尿床了"，要告诉儿子，"恭喜你儿子，你长大了"。但有位妈妈看到儿子不肯起床，掀起被子看到这一幕说了句："真不要脸，这么小就想老婆了？"导致孩子产生自卑心理。我们做父母的一定要注意说话的分寸。

父母爱孩子的目的是完成分离，英国著名心理学家西尔维亚说：这个世界上所有的爱都以聚合为最终目的，只有一种爱以分离为目的，那就是父母对孩子的爱。父母成功的爱，就是让孩子尽早作为一个独立的个体从其生命中分离出去。这种分离越早，父母就越成功。可能对于家长来说，最难以做到的就是放手，让小孩子自己去承受挫折。我们会发现很多家长特别不能理解这一点，孩子小的时候多乖、多听话，那么乖、那么听话的孩子为什么到初中之后就那么叛逆呢？因为孩子变化了，经历了断乳期。第一次断乳大概发生在3岁左右。最早的时候，孩子认为跟母亲是合为一体的，慢慢地有自我意识，实现第一次断乳，但他依然在家庭里面。（图一）第二次断乳就是青春期，要经历一个过程，跟父母越来越远，我们看到孩子已经到原生家庭的边上。（图二）过了青春期以后还没经过第二次断乳是不正常的，但是现在有很多的"妈宝""宅男宅女""剩男剩女"都是在分离这个环节出了问题，所以我们一般说原生家庭都是指18岁之前的家庭。

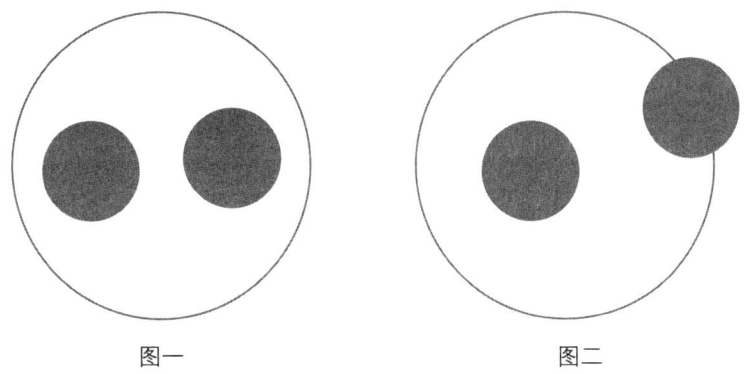

图一　　　　　图二

我们每一个人都有自己的朋友圈，对于青春期孩子来说，他的朋友圈就是同学，他把得到同伴的认可和接纳看作是最重要的。对于我们大人来说，在工作上得不到认同，我们的感觉会很糟糕。青春期，孩子的同伴关系几乎是"致命"的。他可以为此去牺牲自己，比如不上学，这很正常，但家长不能理解。因为在这个年龄段，孩子是通过把同伴对自己的评价综合起来，认识自己是谁。同伴对他的评价权重占70%，家长对他的评价不重要。我们有时候会在不知道的情况下犯错误，比如孩子交了一个朋友，很要好。你问："你这个朋友成绩怎么样？""我们班倒数第二。""儿子，不要和他玩了，没有好处的。"有的老师也会这样处理，但这样不会有好结果。应该怎么做呢？"你这个朋友成绩怎么样？""班里倒数第二。""儿子，是不是哥们，是哥们就拉人家一把。你第二名，他倒数第二名，多帮帮他，都是前五名了，不是很好吗？"孩子帮助朋友不等于自己也复习一遍吗？小孩子教小孩子效果很好。所以一定要注意孩子的同伴关系，孩子高兴不高兴、愿不愿意上学取决于它。同伴关系对青春期孩子来说很重要，如果你的孩子年纪比较大了身边没什么朋友不是件好事情。

青春期心理有哪些特点？简单看，在青春期，孩子身上的荷尔蒙分泌旺盛，除此之外，还有一个非常关键的脑部变化，负责情绪控制的额叶也在发育，但是比较慢，所以青春期的孩子很容易情绪化，自控能力比较差。荷尔蒙就像是车子的引擎，额叶就像是刹车，车子要往前冲，刹车却滞后，就很难控制好车速。在自我控制这部分男生会比女生更差一点，这是由男生的心理、生理的发育进程所决定的，所以青春期的少男少女们，在自我控制方面，比一般的成人要困难。作为家长，我们要接受一个事实：小孩子在青春期的情绪失控，并不是他的品德方面出现了问题，而是这个阶段会出现的一个正常情况。

很多家长在担心早恋。家长放心，在这个年龄，孩子是恋不起来的，恋的只是一种感觉。那家长该怎么办呢？我们可以这么和孩子说："孩子，你这个年龄就是要学习社会交往的。告诉妈妈，你有几个好哥们？""我哥们多了，七八个。""异性朋友呢？""一个。""怎么才一个？！不行，妈妈希望多几个，你现在就应该广交朋友。"

这样说的好处是，孩子把交朋友当成应该做的事。男孩子如果和多个异性朋友交往，啥事都不会有。女孩子进入这个年龄，妈妈一定要做一件事，这件事非常重要——告诉孩子，如何防止别人性骚扰。比如，告诉女儿，当她和一个异性在一个房间里，无论他是谁，不能让他的身体靠近你，你身体的一些部位，别人是不能碰的，穿内衣的部位，如果有人碰，一定要大叫并把他推开。如果把这个事教好了，男女孩子交往不会有事。

在座的各位家长，你们真的很重要，孩子的成长过程中会经历人们无数次的评价，但父母的评价永远是基石，我们如何评价孩子对孩子来说非常非常的重要。孩子成长过程中需要不断地通过成就感来提升自我价值，但是我们家长往往怎么样呢？不是给成就感，而是给挫败感。我们来看下，据调查，让孩子厌烦的父母通常带着唠叨、比较、打骂、忽略、怀疑、讽刺、溺爱这"七把刀"。但这"七把刀"会让孩子没有成就感、没有安全感，缺少爱、缺少肯定和关注，孩子就容易出现关闭心门、发生早恋、沉迷网络游戏等问题。

注意力的方向，决定孩子未来的人生方向。大多数的父母都期望孩子是完美的，而注意力却放在孩子不完美的部分。举例说明，孩子放学回家，有的父母会用这些破坏性的问句：

1.今天在学校吃了什么？

2.今天在学校学了什么？

3.今天上课有没有打瞌睡啊？

4.老师有没有批评你啊？

而有的父母会采用这些建设性的问句：

1.今天在学校快乐吗？什么事情让你感到快乐？

2.今天听见/看见/做过什么有趣的事吗？

3.你的好朋友是谁？有什么优点？

父母的问句引发注意力的方向，注意力的方向产生成果。建议父母：多用积极性问句，引导孩子关注更美好的事物，少问为什么，多问怎么做。孩子的思维会更积极向上。

平时和孩子沟通时，父母也要学会调控情绪，避免伤害。每个人都有情绪，父母有，孩子也有。情绪是种混合物，喜、怒、哀、乐等，情绪从本质上来讲，是动机、欲望满足与否的表现，欲望满足时，我们开心、高兴、兴奋，各种积极情绪。欲望没有实现时，我们伤心、生气、愤怒，各种消极情绪。归根到底，还是因为我们有欲望，才易受伤害。而我们的大部分欲望，来源于我们成长过程中的欲求未被及时满足。我们太容易受伤害，也源于在我们成长过程中，没有及时得到父母等"重要他人"的认可与支持，所以，我们现在要做自己孩子的"重要他人"。

每一次情绪的发生，其实都是我们觉察与成长的机会。觉察情绪过程中的心理感受、身体反应，可以让我们对自己更了解、对身体更敏感，对自己的了解和对身体的敏感，可以提高自己的觉知力，提升自己的灵性水平，让我们更容易与自己、他人自然联结。觉察也是一个机会，让我们可以深入分析自己的行为模式，分析自己在成长过程中那些未满足的欲望与期待，然后通过"接纳""原谅""转变"等方式放下、成长。如此，我们在面临很多情绪时，可以放下自己的欲求与原来的应对方式，也就不会再有情绪，可以坦然应对。和青春期孩子之间的危机也会泰然处之。

教育的终极目标是什么？立德树人。问题事小，情绪事大；事情来了，先处理心情，再处理事情；家是讲爱不讲理的地方。家长必须对孩子做青春期引导，告诉孩子：人生下来就是追求幸福的，不是追求快乐的，快乐只是感官的享受，是一时的，但幸福是生命的享受，它是永恒的。幸福既包含快乐也包含痛苦，既包含成功也包含失败。不经一番寒彻骨，怎得梅花扑鼻香？只有经历过失败后的成功，经历过痛苦后的快乐，才是真正能够打动自己的幸福。

家长是孩子最重要的老师，家长首先要找到自我，才能引领孩子！寻找属于你的生命意义，向你的孩子分享你的梦想，释放你对生活的热情，让孩子看到你的努力、坚强、自信、从容，传递属于你的精神给孩子，这将比任何教育技巧都更能感染孩子！

　　最后也想送给大家一段话：青春属于孩子们，同样属于在座的你们。今天，你30岁，40岁，50岁，按照现在的生活环境，我们很容易一不小心就活到了一百岁，那你现在的年龄，人生才刚刚开始。不要进入一个误区，有了孩子，我们就应该放弃学习、放弃成长，甚至放弃梦想。孩子不是来阻碍我们人生的，相反，孩子的到来是为了让我们遇见更好的自己。

讲座地点：湖州市吴兴区织里实验小学
讲座时间：2019年10月21日

第二讲 掌握习惯把控人生 —— 如何养成好习惯

各位亲爱的家长们，你们都希望孩子成为优秀的人，相信大家都知道一句话：习惯决定性格，性格决定命运。为什么很多孩子都想养成阅读、运动、早起等好习惯，却不能坚持下去，只有三分钟热度呢？不是孩子能力的问题，也不是意志力的问题，而是我们没有帮孩子建立一套有效的科学方法，更重要的是，我们没有挖掘一个好习惯背后的原动力。

家长们，最近在家上网课，每个学生的状态是不同的，第一类学生：边吃零食边拿平板上网课；第二类学生：家里没有网络，到楼顶蹭别人家的网络听课学习；第三类学生：无论在家里还是在病房里都能像在教室一样，边听边做笔记，认真学习。你家孩子属于哪一类？浙大学生胡一捷的作息时间表上了网络热搜，他的作息表，不仅精确到分，而且根据计划每周调整，严格执行。由于严格的自律和时间管理，胡一捷顺利考进了高手云集的竺可桢学院，在浙大成了"神一般的存在"。这主要取决于他的学习习惯，我们说优秀是一种习惯，优秀是一种追求。下面让我们思考一个问题：是什么驱使我们养成一个全新的好习惯？

如果我们不去思考这个问题的话，我们就无法找到孩子养成好习惯的原动力。今天我们来探讨这个问题，大家来看一下生活中的一些事例：无论在哪里，手机铃响了，你肯定想知道谁发的信息，于是你会去打开手机，一看原来是有人约你吃饭，于是心里得到了满足；每个同学都希望得到认可，获得成功和表扬，成为爸爸妈妈眼里的别人家的孩子。但是有的孩子考差了，得不到鼓励、表扬，只想去打游戏，因为在虚拟世界里获得了满满的成就感，孩子就迷上了打游戏的感觉；有的学渣和学霸坐一起，看着身边的榜样，于是想进入班级前十名，虚心请教、刻苦学习，期中考试成绩班级排名第五名，接下来一发不可收拾，走向人生巅峰。所以，大家一看就知道了，无论好习惯还是坏习惯，都是从一个问题开始的，问题会使内心产生一种欲求，一种渴望，让我们去采取一些行动，最后达到一种满足。家长们一定要明白，无论好习惯还是坏习惯，养成的背后都是由解决问题的欲求驱动的，这点非常重要。有的时候，遇到美好的东西，渴望得到它；有的时候，经历痛苦的折磨，渴望减轻它。欲求驱动越频繁，习惯越容易养成，那就是习惯养成的关键。说到底，其实也就是人的天性：逃离痛苦，追求快乐，从原始社会到现在这一点亘古不变。为什么有的同学热衷打游戏？打游戏很快乐，得到虚拟世界的满足感；为什么有的同学热爱学习，是因为通过刻苦努力，取得成绩，得到父母、老师表扬，同学们的认可，在学校有存在感、价值感，他觉得打游戏眼睛会近视，浪费时间、浪费生命，他追求的快乐是学习。你们看二者差别在于寻求快乐的方式不同，都属于每个人的天性，你让孩子设定的每一个习惯都不能违背人的天性，否则注定会失败！我们设定的每个习惯一定要遵循这个原则：逃避痛苦，追求快乐。

举个简单例子：你家孩子本来不会打游戏，小明有天告诉他某款游戏，对他有了提示，然后告诉他怎么好玩，激起了他的渴求，然后他就去玩了一下，谁知获得了奖励，得到了满足，后来就养成了打游戏的习惯。所以，习惯是重复了足够多的次数后，变得自动化的行为。好习惯的养成在于行为转变的四大定律：第一，要让提示显而易见；第二，要让渴求有吸引力；第三，要让行动简便易行；第四，要让奖励令人愉悦。

试想如果我们要培养一个好习惯，我们就可以问自己以下几个问题：

1. 怎样才能让它变得明显？
2. 怎样才能让它有吸引力？
3. 怎样才能让它变得容易？
4. 怎样才能让它令人愉悦？

举个例子：有位同学喜欢阅读，那是因为他的父母经常看《朗读者》这档节目，给了她一个提示，让她感觉到董卿的优雅知性美，吸引着她想成为像她那样腹有诗书气自华的人，于是她开始爱上了阅读。但是如何坚持下去呢？父母在家里放满了书籍，甚至厕所旁都有，让她随手可得，变得容易。因为读多了书，她的语文成绩每次都是班里第一，得到老师表扬、同学的刮目相看，于是她对阅读一发不可收拾，深深地爱上了阅读。

从中给我们带来了思考的第二个问题是：我究竟想成为谁？成为什么样的人，或像谁一样。你们看，习惯养成的前提，首先明确你想成为谁，并且是你内心极其渴望的，一想起来就令你感到兴奋的！这一点特别重要，刚才喜欢阅读的那位同学就是想要成为董卿那样的人。

身份改变是习惯改变的北极星,如果你的孩子每天都在成为他想要成为的那种人,他会获得源源不断的动力!大家看,一棵树想要长成参天大树,必须要有一颗种子,否则再好的外界环境都不能长成参天大树。对于孩子来说,想成为谁,就是在内心埋下一颗梦想的种子,好比在身体里安装了一台发动机,会产生源源不断养成好习惯的原动力。

有了行动的动力,我们就要思考第三个问题:如何落地执行?

我们要遵循行为转变的四大定律。第一定律,让提示显而易见。我们来看一个英国在2001年做的关于健身习惯养成的实验。

第一组:对照组,跟踪观察自己的健身频率;第二组:动力组,跟踪观察健身频率,并且阅读有关锻炼有哪些好处的书籍;第三组:计划组,跟踪观察健身频率,并且阅读有关锻炼有哪些好处的书籍,额外制订一周健身计划,写下一句话:"我将于某天某时某处进行为时最少20分钟的剧烈运动"。

结果显示:第一和第二组中有35%～38%的人每周都至少锻炼了1次,而第三组中高达91%的人每周至少锻炼一次。为什么是第三组呢?因为第三组设定了"我将于某天某时某处进行为时最少20分钟的剧烈运动",这在行为心理学上叫执行意图,有了明确的执行意图,这个好习惯就会坚持下去。就像浙大胡一捷的作息时间表,明确了具体时间、地点、具体任务,而且他利用习惯叠加公式,完成一个任务继续下一个任务,连续坚持下去,养成了高效自律的习惯。可见,自律的习惯是优秀人生的标配。

还有一个特别有意思的方法,大家到超市有没有看到某款"肥仔快乐水"经常摆放在什么位置?据调查,这款产品45%的营业额来自购物通道的货架端头，为什么呢？因为这就是视觉的力量，在人类的所有感觉器官中，能量最强大的是视觉。人体大约有1100万个感觉接收器，大约有1000万个是专门用于视觉的。一些专家估计，大脑一半的资源用于视觉。环境是塑造人类行为的无形之手，孩子的习惯会根据他所在房间以及在他面前的提示而改变。建议大家让孩子布置自己的能量屋，可以把他的梦想贴满他的房间。家长们知道吗？最令人满意的感觉是进步的感觉！最有效的激励形式是可知的进步！借助于视觉量度，创造视觉提示，让进步视觉化，不断强化行动！

小闵同学布置的能量屋

最后一种方法，利用第四定律，让它令人愉悦。下面介绍一种习惯追踪法。如果你家孩子想弹吉他而没法坚持，你可以让他每练习一个吉他小调，就往罐子里扔一个曲别针（当然，你想扔硬币也一样），把付出的努力变成清晰可见的进步，强化他的行为，增加即时满足感，人就更容易坚持下去。

  学英语也一样，我们把零碎时间利用起来，零碎时间，创造奇迹。设计一张2月份单词背诵习惯跟踪表，一个月下来，太棒啦！2月份4周29天，有26天完成每天背诵30个单词！习惯追踪功能强大，它使一种行为同时变得显而易见、有吸引力和令人愉悦。接下来我们也可以让孩子记录健身日志、阅读日志、背诵日志等，让孩子的好习惯养成变得有趣、看得见而充满动力。

  最后我想说：请各位家长，专注培养孩子好的习惯，聚焦孩子阳光、积极的一面，即使他们有缺点，有坏的习惯，但他们一定可以活出精彩的人生。人生追求的不是我不想成为谁，而是我想成为谁！用罗曼·罗兰的一句话来给大家加持能量："通过自己的努力即使知道一半真理，也比人云亦云地知道全部真理要好得多。"也就是说，知道不如做到，做到、感受到、体验到真的很重要。家长们，我们一起行动起来吧，让孩子养成好习惯，成就好人生指日可待！

讲座地点：线上家庭教育讲座
讲座时间：2020年疫情期间

第三讲 掌握习惯把控人生 —— 如何戒除手机、网瘾

尊敬的家长们,我们之前讲了如何养成好习惯,你们有没有和孩子一起去执行?好习惯养成要遵循行为转变的四大定律,那么我们如何去戒除坏习惯?比如现在,有的孩子在家除了看书、学习外,还会玩游戏、看手机、睡懒觉,这些坏习惯如何戒除?我们需要思考几个问题:

第一,为什么喜欢玩手机?或为什么喜欢打游戏?

许多情况下,我们被手机绑架了。有的孩子也曾尝试戒除游戏,但是有没有成功?如果成功了又坚持了多长时间?这两个问题背后有两大特点:一是想要拿起手机,因为一拿起手机这个动作就获得满足感。二是为什么喜欢打游戏呢?因为可以获得快感。快乐会让人坚持下去,痛苦会让人成长。痛苦让一个人改变,但唯有快乐才会让人坚持,喜欢打游戏获得快乐才是坚持下去的理由。想要和喜欢,是行为的两大驱动力,坏习惯这样,好习惯也一样。有的孩子有一次考试考得很好,得到大家的肯定和表扬,获得了满足感,而这个满足感让他产生动力持续坚持下去,成绩越来越好。在某个领域成为专家的人,比如舞蹈家杨丽萍,她喜欢跳舞绝对不是别人逼迫而是自己喜欢。快乐和满足这两种美好的感觉,能够给予行为源源不断的动力,让你的成就感永不间断。一个人做的任何一件事情,不能给你带来

成就感，你就不会坚持下去。

那什么是成就感？成就感是指一个人做完一件事情或者做一件事情时，内心感到愉快或成功的感觉。今天我们谈论的是如何戒除手机、网瘾。玩游戏给到人很多很多快乐，同时也是快速的、付出很小代价就能获得满足的。坏习惯背后的原动力之一是即时成就感。当你孩子玩游戏时，一打开游戏就会毫不费力得到即时成就感，坏习惯就会让人一直一直坚持下去，因为坏习惯不需要付出太多努力就能获得快乐。对照一下自己，你刷手机的时候，你玩游戏的时候内心真正的感受是什么？当你一摸手机、一打开游戏的时候心里就感到快乐，这种感受就是即时成就感，而好习惯需要付出很多的努力才会得到延迟满足感。

我们怎样通过这个道理去剖析或去纠正，帮助我们改掉坏习惯呢？下面让我们来看一个著名的"棉花糖"实验。在20世纪六七十年代，斯坦福大学心理学家米切尔在幼儿园里进行了一系列实验。将小朋友们单独留在一个房间，房间里摆一个盘子，盘子里有一颗棉花糖，然后告诉孩子：我有事要离开一会儿，待会如果我回来的时候，棉花糖还在的话，就会再给更多的棉花糖作为奖励。但是呢，如果你们实在想吃的话，也可以选择按铃，然后直接吃掉棉花糖。这个实验最后的结果是，有一部分孩子没有按铃，而是直接吃掉棉花糖，还有一部分孩子犹豫了一会儿，最终还是决定按铃吃棉花糖，大约只有1/3的小朋友抵抗了诱惑，等他们回来，就得到了更多的棉花糖。大约20年后，对当年参加棉花糖实验的孩子进行了后续的跟踪调查：当年那1/3抵抗住诱惑的孩子，都拥有了更高的学历和更健康的身体，SAT成绩（学术能力评估测试）比直接吃掉棉花糖的孩子平均高出210分，他们的人生更加精彩，获得的成就也更多。那么为什么会有这样的差别呢？关键在于，那些无法忍受、立刻就要把棉花糖吃掉的孩子获得的是即时满足感，而那些获得更多棉花糖的孩子，他们得到的是延时成就感。

就坏习惯而言，奖励是即时的，当下结果通常感觉良好，但最终结果并不好；就好习惯而言，奖励是延迟的，当下结果令人不愉快，但最终结果却很好。

好习惯和坏习惯的本质区别：坏习惯获得即时奖励，好习惯获得延时奖励。各位家长朋友们，这句话太重要了。理解了这句话也就让我们知道坏习惯为什么那么难戒除，好习惯为什么那么难养成。而如果你能养成好习惯，懂得去等待那种延迟奖励的话，那么你的学习、身体健康、事业各个方面都更容易取得更大的成就。

各位亲爱的家长们，我们已经找到了好习惯和坏习惯最核心、最本质的区别：坏习惯获得即时奖励，好习惯获得延时奖励。那就让我们一起去探讨第二个问题，如何帮助孩子戒除坏习惯？

你们知道父母帮助孩子戒除坏习惯的常用方法吗？平时又是怎样帮助孩子戒除坏习惯的？很多情况下父母帮助孩子戒掉坏习惯的方法比较简单，用得最多的方法是唠叨，大家同意吗？在戒除坏习惯的这件事情上，我们如果不知道坏习惯获得即时奖励，好习惯获得延时奖励，就会出现这样的语言："你怎么还是这样？你要是把打游戏、看小说的一半时间放在学习上的话，你老早成为班级前几名了。"大家看"唠叨"二字。唠：一个口一个劳，用嘴巴在劳动，没有身体力行。叨：一个口一把刀，你说出的每一句话就像刀子一样，扎向孩子的内心，一刀一刀砍掉孩子的耐心。不要玩游戏，不要看小说，不要睡懒觉……，唠叨并没有太大的用处，越唠叨孩子越和你疏离，因为人的天性是逃离痛苦、追求快乐。人受到外界攻击时，要么逃避——不理你，继续打游戏，与你的距离越来越远；要么攻击——反抗，背道而驰，亲子关系不好，也就是所谓的叛逆。我希望家长们接下来不要再去唠叨、抱怨、比较等，你们经常说不用这样不用那样，因为人的潜意识是听不懂否定词的。教育孩子如果经常说"你不要……"，越不让干就越要干，叛逆是人的本性。你让孩子不要打游戏，他不在你眼前打游戏就躲进卧室打游戏。在卧室打游戏被你发现，你就发飙说，"你再打游戏给我看看"，他就躲进被窝打游戏。

做个试验：请各位家长端身正坐，抬头挺胸，听我指令。不要去想一头粉红色的大象，不要去想粉红色大象背上坐着金老师。我让你不要去想那头粉红色的大象，你脑子里想的是什么？请告诉我好吗？我相信很多家长脑袋里只有一头粉红色大象，因为人的潜意识是听不懂否定词的。你越不让他想他越想，说白了，你每次都和孩子说不要打游戏、不要看小说、不要看电视，其实潜意识就是在暗示他，又到打游戏时间了，又到看小说、看电视时间了。你在让孩子不要的时候，其实在提醒他应该做什么了。

我举个例子，孩子很小的时候就学会叛逆了，3岁时每天除了吃喝之外，说得最多的两个字是"不要"。他对你提出内容做出反抗的方式就会用"不要"来表达，所以孩子天生就是叛逆的，一个人的自律是从知道自己"要什么"开始，而不是"我不要什么"。教育孩子要用正面、简单、肯定的指令。看到孩子打游戏的时候，你不要大喊大叫地说："怎么又在打游戏？"甚至有的家长伸手把手机夺了过来，还怒气冲冲地说："叫你不要玩，你还玩！"这样做的时候你和孩子的关系很快就远离了，甚至破裂。相反，你可以尝试从正面的角度来和他说，一定要微笑着说，微笑得越灿烂、越真实效果越好。"来，宝贝，请把手机拿出来，手指找到关机键，摁下去，把手机交给妈妈。"当他把手机给你的那一刻，你上去给他一个大大拥抱，即使他不给你，你也要给他一个大大的拥抱，我相信拥抱完了的时候，他一定会愿意把手机给你，这在心理学上叫：一公尺管理权。

各位家长，你不要期望孩子没有缺点，没有坏习惯，其实我们每一个人活在这个世界上都是带着两面性，一面是坏习惯，一面是好习惯，一面是优点，一面是缺点，这是没有办法规避的。就像一个人字，一撇一捺，左边代表好习惯，右边代表坏习惯。重要的是，不是让他把右边的坏习惯通通改掉，而是通过正面管教、正面引导，让他把精力更多地放在左边的好习惯上。人字左边一撇是出头的，而且方向是向上走的，我们去培养好习惯的时候，这个人总有一天会真正地出人头地，傲首挺胸，而右边的坏习惯没必要一下子全部改掉，把它遮盖住就好。如果我们每天盯着右边的坏习惯，你会发现不再是人字而是入字，入字的左边被右边掩盖了。如果每一天你看到的都是孩子的坏习惯，每天用的是七把刀，这个孩子就像霜打的茄子一样，精神萎靡不振，最后走向自卑甚至抑郁。尝试用正面管教去教育孩子，不要只看到孩子的缺点，因为缺点、坏习惯背后藏着孩子的自尊。我们还用唠叨、批评、指责、抱怨等方法去帮助孩子戒掉坏习惯的话，那么我们伤害的是孩子的自尊，他是没有办法接受的。我们要尝试把批评、指责、唠叨变成赞美、鼓励、提醒。在心理学上有个"人生剧本理论"。如果我们把人的一生分成两个时期，无奈期和关键期，尤其是在0～20岁的无奈期，接受到的否定特别多，接受到的认同特别少，经常被批评、指责，那么他的下半辈子就会是消极的。在0～20岁的无奈期，接受到认同大于否定，经常被表扬、鼓励，那么他的下半辈子就会是积极的。我建议各位家长，要用正面的方法与孩子沟通，帮助孩子戒除坏习惯，而不是每天盯着他的坏习惯，盯着他的缺点。缺点的对立面就是优点，是不可避免地存在的，要把缺点当作起点，当作含苞待放的花苞。平时我们要用不同的角度多一点赞美，多一点鼓励。人活在世上，和离不开粮食、离不开水、空气一样，有一样东西也是离不开的，那就是精神食粮，而在我们每个人的内心、灵魂深处最最渴望的精神食粮就是两个字：赞美。因为赞美会让一个人更加开心，更加舒展，更加有动力。著名作家马克·吐温说过：只凭一句赞美的话我就可以充实地活上两个月。你想想一句赞美的话都可以让一个作家能充实地活上两个月，那如果我们在帮助孩子戒掉坏习惯的路上，多一点赞美，那孩子是否更有动力呢？著名的书籍《羊皮卷》中也提道：我赞美敌人，敌人成为朋友；我赞美朋友，朋友成为手足；我要常想理由赞美别人，绝不搬弄是非，论人长短；想要批评人时，咬住舌头；想要赞美人时，高声表达；生命不停，赞美不止。你不一定喜欢你所欣赏的人，但一定会喜欢欣赏你的人。各位亲爱的家长们，我们要尝试对孩子多一点赞美，这样你会发现，你和孩子的关系会越来越近。各位同学也要尝试对爸爸妈妈多一点赞美，那么亲子关系会越来越好。

那么，父母如何帮助孩子戒除坏习惯？之前讲过好习惯养成的行为转变的四大定律：第一，要让提示显而易见；第二，要让渴求有吸引力；第三，要让行动简便易行；第四，要让奖励令人愉悦。那么如何戒除坏习惯？我们只要反其道而行之，使提示无从显现；使渴求缺乏吸引力；使行动难以实施；使奖励令人厌烦。要戒除一个坏习惯，可以问自己以下几个问题：

1.怎样才能让它消失？

2.怎样才能让它没有吸引力？

3.怎样才能让它变得困难？

4.怎样才能让它令人厌烦？

举例：如何戒除睡懒觉的习惯？

1.坚持30天，每天比昨天早起一分钟。

2.列举睡懒觉的十大危害。

3.设置3个以上闹钟并放到床尾。

4.每晚起一次，减少使用手机一小时。

那么，我们如何落地执行呢？在这里介绍两种方法，第一种方法，第一定律反用，使提示无从显现。如何做到呢？戒除坏习惯最实用的方法之一是减少导致坏习惯的提示！什么意思呢？有的孩子说："我是很有意志力的，爸妈，你把手机给我。"孩子拿着手机边写作业边听音乐，你发现听着听着就不做作业，控制不住玩游戏了。其实，根本没有意志力坚定这回事，大家同意吗？而最直接的方法就是减少导致坏习惯的提示。希望大家今天开始能挑战这六件事情，一是如果你想要戒掉打游戏的瘾，不是给自己设立多少目标，而是直接把手机拿出来，电脑拿出来，把所有的游戏通通删除，有的同学为了让自己戒除游戏，甚至把和自己打游戏的小伙伴都删了，彻底消除游戏对你的提示。二是如果你忍不住看电视，就直接把电视遥控器的电池给抠了，无法打开电视机。三是手机不进卫生间，提高上卫生间的效率，养成健康的习惯。四是手机不进卧室，我们要把所有的工作在卧室外面处理完。五是零食不进书房，有的同学一边吃零食一边写作业，效率特别低，最直接的方法就是在餐厅吃完补充好能量进书房写作业。六是做作业不听音乐，把你的耳机收起来，把音乐存进电脑，关掉手机。各位同学及老爸老妈，接下来你们一起至少挑战一项好吗？这是最简单也是最高效的方法。

第二种方法：第四定律的反用，就是使其令人厌烦。你每次去做时，让坏习惯给你带来即时的痛苦、即时的惩罚。也就是我们刚刚讲到的——坏习惯获得即时奖励，好习惯获得延时奖励。那就让坏习惯多增加一些即时惩罚，好习惯多给到即时奖励，那就能快速戒除坏习惯，养成好习惯。

重点是，建立契约精神，知道别人在看着你，可以成为一种强大的动力！

建立习惯契约分几个步骤：一是确立问责伙伴，当监督建立的时候，行为就会变得更加自律、更主动。二是建立PK项目，当PK建立的时候，行动就变得高效而简单，学习就变得有趣而幸福。爸爸妈妈可以和孩子一起建立一个PK项目，可以是家庭一起完成的。

例如：习惯契约

问责伙伴：爸爸、妈妈、孩子。

PK项目：挑战30天上卫生间不带手机，不带平板，不带任何电子产品。（不是一下子隔离手机，但如果要开学了就直接收掉手机）

达成目标并奖励：30天才能获得延时奖励。（全家国外旅游一次）

未达成目标并惩罚：惩罚要即时，一天没做到都要剪一撮头发。（剪一撮头发为证，每天减少使用手机1小时）

承诺人：×××
日期：××××

美国连任四届的总统罗斯福说：有一种品质，可以使一个人从碌碌无为、平庸之辈中脱颖而出，这个品质不是天资、不是教育，也不是智商，而是自律。

自律这项品质太重要了，正向心理学上说，一个人要想取得成功的七大要素之一就是自律，自律是优秀人生的好品质。

最后和大家分享一个小故事，来自中国女排。中国女排有一个核心的DNA叫中国女排精神。在2019年9月28日，日本大阪，2019女排世界杯第三阶段第二轮比赛，中国女排3∶0胜塞尔维亚女排，提前一轮锁定冠军，三局比分为：25∶14，25∶21，25∶16。大家看哪一局分数最接近？第二局处于胶着状态，当时一度塞尔维亚女排分数反超，主教练郎平直接叫停，叫停后没有布置太多的战术，而是给所有的女排成员说了一句话，"该摔就摔！对自己狠一点！"说完这句话后女排再次上场，一个个雄赳赳、气昂昂，非常有状态，直接25∶21拿下这一局，击败塞尔维亚女排，取得第十三届世界杯冠军。

各位家长和孩子们，我们在戒除坏习惯的路上，也要对自己狠一点。你不是在当下为好习惯付出代价,就是在未来为坏习惯付出代价!希望大家把这句话写下来贴在自己的书房或卧室。

送给大家一句罗曼·罗兰的名言:很清楚,前途并不属于那些犹豫不决的人,而是属于那些一旦决定之后,就不屈不挠不达目的誓不罢休的人。在戒除坏习惯这条路上一定不要犹豫不决,一旦决定之后,就应该不屈不挠不达目的誓不罢休。

讲座地点:线上家庭教育讲座

讲座时间:2020年疫情期间

第四讲 青春期叛逆的孩子如何陪伴

各位家长：大家好！

每当我分享孩子教育的问题时，总会有很多父母很难过地告诉我："金老师，我知道得太晚了。你说的在孩子的成长期应该给孩子的教育，都很有帮助。但现在怎么办，我的孩子现在跟我像仇人一样，没救了。"所以，今天我要分享孩子已经叛逆了应该怎么办。

一、叛逆的背后是无助

我经常给家长分享一本《叛逆不是孩子的错》的书，有家长便问："叛逆不是孩子的错，难道是家长的错？"

其实，家长要解决孩子的叛逆问题，就要从意识到叛逆不是孩子的错开始。

叛逆背后的心理动机是什么？

很多人不知道孩子为什么叛逆，其实叛逆背后的心理动机是无助。

无助是最核心的。孩子的身体快速成长，长得比父母都高了，在这一刻，他会很慌乱。他要进入这个社会，快成为一个成年人了。但是，孩子这时候什么都不会，完全不知道怎么应对这个社会。如果被人骗了怎么办？交不到朋友怎么办？被伤害了怎么办？

此时孩子心里存着无数无助的情感，但是，他得不到来自父母的回应，很多父母都帮不上忙。对于一个身体和情感都在快速成长的孩子，父母自身也是迷茫的。大多数父母对孩子的要求是做题、写作业、考大学，对于这样一个单维度的要求，父母对孩子唯一实实在在的帮助就是缴学费。除了缴学费就是物质支持，其他的都不管。

孩子得不到来自任何方面的情感支持，在他无助的时候，情绪起主导作用，于是每次跟父母沟通的过程不是"逃"，就是"打"。"逃"就是把门关起来不与父母沟通，表示"都别理我"，或者离家出走。"打"就是一种激烈的对抗，比如，你跟我喊，我就跟你喊；你骂我，我就骂你；你推我，我就推你；你跟我断绝父子关系，我就跟你断绝子父关系等等。

孩子叛逆的核心是无助。他因为缺少爱、缺少价值感，也不知道如何终身成长。植入孩子生命的这三根支柱没有建立起来，一定叛逆得很厉害。如果加上妈妈特别唠叨，孩子就会叛逆得更严重。我们学校的初中班主任老师，就碰到很多案例，我们从很多个案中能看出这样的结果。有的妈妈很焦虑，一聊孩子就是"我儿子不行，我天天盯着他都不行，怎么办，怎么办"。我一看她的痛苦状态，就知道怎么回事，便问："家里的孩子陷入了叛逆，是吗？"妈妈说："是的，您怎么知道？"因为妈妈天天这样唠叨，孩子就会越来越心烦。

如果一个家庭中，爸爸出现了三种情况——要么不在、要么太凶、要么不被尊重，这都属于父爱的缺失，或者父爱没有表达出来，孩子的成瘾性人格就会很厉害。成瘾性人格的表现是，抽烟成瘾、打游戏成瘾、吸毒成瘾、搞摇滚乐队成瘾、加入不良组织成瘾等。

成瘾性人格形成主要是很多父母有一个错误的观点——"棍棒底下出孝子"，就是真的虐待孩子，孩子要么变成一个浪子，混迹黑社会，要么非常孝顺，产生斯德哥尔摩综合征（又称斯德哥尔摩症候群或者称为人质情结或人质综合征，是指被害者对于犯罪者产生情感，甚至反过来帮助犯罪者的一种情结。这种情感造成被害人对加害人产生好感、依赖心，甚至协助加害人。人质会对劫持者产生一种心理上的依赖感。他们的生死操控在劫持者手里，劫持者让他们活下来，他们便不胜感激。他们与劫持者共命运，把劫持者的前途当成自己的前途，把劫持者的安危视为自己的安危。于是，他们采取了"我们反对他们"的态度，把解救者当成了敌人）。

这样的人从小没有感受过爱，这是很可怕的一件事。他没有健全的人格，不爱这个世界，只爱打他的人，因为那个人在精神上把他彻底征服了。这种爱是纠结的，是变态的，是可怕的。他心中有一种恨，这种恨会发泄到别人身上。他可以跟其他所有人打架，可以得罪其他所有人。

当一个孩子已经出现了叛逆的症状，形成成瘾性人格，或者是大喊大叫地和父母吵架，父母该怎么做？

第一件事，就是停止唠叨，停止大喊大叫。

为什么停止唠叨？很简单，唠叨没用。之前唠叨了那么多年，都被证明是没有用的，哪怕先放任不管，都好过使劲儿地唠叨。

为什么要停止大喊大叫？因为大喊大叫会促使双方分泌大量的肾上腺素，两个人就会起冲突，吵得不可开交。在一个家庭里，声音最小的人应该最有权力。他的声音最小，大家要用心听，大喊大叫的人是不被看见的。有的家庭里，妈妈喜欢当着客人的面，对爸爸一番数落。爸爸的反应是对方说什么，自己根本听不见。

大喊大叫的声音是被忽略的。这是非常糟糕的状态,大家相互之间没有了信任。停止唠叨,停止大喊大叫,是我们作为父母需要做的最重要的事。

想让孩子改变,自己就得先改变。如果你不改变,亲子间的互动方式不改变,孩子就不可能改变。如果孩子说:"我不想改变。"父母可以说:"我们先改变给你看。"遇到叛逆的孩子,父母要先改变,去学习,去了解更多的方法,而不是把孩子推出去。

其次就要学会与青春期孩子进行有效对话。

当孩子开始叛逆了,你眼中看到的可能都是孩子的缺点、错误。但是,你一定要相信,即便孩子已经跌入谷底了,他身上也依然会有一些亮点。比如,你身体不舒服,孩子冲你吼叫:"谁让你穿那么少的衣服?"青春期的孩子容易说话很冲,但是这句话背后是什么?是对妈妈的关心,不高兴和生气只是没有恰当地表达对妈妈的关心。

孩子用这种爆炸式吼叫的方法来表达情感,叫作"述情障碍"。述情障碍就是不能准确地表达自己。孩子怎么会有述情障碍呢?答案有可能是在他小时候家长与他的互动模式就是这样的。比如,孩子考试成绩差,妈妈就会向孩子吼叫:"谁让你上课不专心听?!"孩子跟父母的对话模式如此相似。

现在需要我们家长做出改变,当孩子这样吼叫的时候,家长不要生气,要更加冷静地去发掘这里边的美好,发掘孩子的亮点。开始的时候,要每天逼迫自己发现孩子的亮点,并表达出来。

当你更多地去挖掘和表达的时候,孩子会慢慢软化。这里要注意,家长不要追求快速见效,比如"我已经这样做了一周,还没有用"。要知道，你和孩子的关系走到现在，是用了多少天，用了多少年，想一周就变好，是不符合规律的。要有耐心，先改变自己，让自己变成一个会好好说话、有温柔态度、能发现别人亮点、能给予别人鼓励、温暖和爱的人。

如果自己这关都过不了，就无法变成一个给孩子提供正能量的人。这时，我们要学会一个原则：不管家里遇到各种困难、问题、冲突的时候，先要学会处理好情绪，再来谈事情。

分享一本《关键对话：如何高效能沟通》（Crucial Conversations: Tools for Talking When Stakes Are High）的书。这本书提倡我们去做双核的对话人，一核负责谈内容，一核负责谈氛围和情绪。我们应该优先照顾哪个？一定是优先照顾自己的情绪。搞不定自己的情绪，任何事情都谈不好。

很多父母在和叛逆的孩子聊天的时候，过于较真儿。明明某一句话就是一句气话，大家却要把气话当真话来讨论，为这句气话不停地吵，找对方语言中的漏洞来攻击对方，把家庭聊天置于一场辩论赛中。当辩论赛来了，双方的肾上腺素分泌旺盛，人的反应会变快，就像被打了兴奋剂一样，你都很佩服自己怎么能说出这么连贯的排比句，怎么能抓住这么多错综复杂的漏洞。

当和孩子发生这种情况的时候，你必须得调动自己先去处理好氛围和情绪。简单地概括，就是你要学会反映情感，能准确地说出对方此刻的感受。比如对孩子说："我知道你听到妈妈这样说你很失望。你特别想去参加同学的生日，是吗？你此刻很生气，是因为我们没有好好来沟通和讨论这件事。"这是反映情感。当你能准确地说出对方此刻的感受的时候，你就可以等着奇迹发生了。奇迹发生就是你能看到孩子开始软化、认同，他会点头，说出自己的感受。他会开启倾诉模式："是，我就是生气，长期以来都是这样，你们对我并不关心……"我们不讨论孩子说的话对不对，是不是事实，只要他开始这样说话，不是大喊大叫，他的情绪就开始恢复平稳了。

这是非常重要有效的招数，不仅可以用在叛逆的孩子身上、配偶身上，用在客户投诉上也一样，这就是好的倾听。倾听的最高境界是反映情感。在对方情绪激动的时候，我们能通过理解对方的语言，准确地说出对方此刻的情感感受，让对方的情绪水平下降。

还有一个沟通的技巧，是你要学会向青春期的孩子多提问，少给建议。因为建议暗含着一种批评，比如"你应该……"，孩子的抵触就来了——"凭什么应该"！"你应该……"这句话背后潜藏的意思就是孩子本来应该做到什么，但是他没做到，这就是批评。青春期的孩子不需要特别多的建议，建议会让他的情绪反弹，变得更激动。

比提建议更有效的方法就是多提问。在《高绩效教练》这本书里分享了许多正确的方法，比如："这件事情你是怎么想的？""如果这样做的话，会有什么样的后果？""在所有这些备选方案中，你觉得最喜欢的是哪个？""还有没有更大的可能？"当这四组问题提出来后，这个孩子的思路就逐渐清晰了，他就能逐渐找到自己的责任感。

一个人做事重要的动力来自他要有对现状的认知，还要有责任感。父母帮孩子认知现状，让他肩负自己的责任，他才能把这件事做好。如果我们用告知的方法告诉他"你应该这么做，你应该那样做"，他既不会建立认知，也不会建立自我责任，他会觉得"反正是你让我这么做的"。如果他没有做好，那最后怪谁呢？怪父母。而且，他更有动力做不好，因为父母的建议如果总是对的，那不就意味他是错的？青春期的孩子特别要面子，他会想"这件事在你看来，给个这么轻松的建议就做好了，那不是显得我很笨"。孩子潜意识在起作用的时候，就会刻意把事情做坏。做坏了之后再对父母说："你告诉我应该做的事，我做了，但是并不管用。"

所以，有效的方法就是通过提问来调动孩子，让他清晰地意识到现状是什么，让他意识到未来会有什么样的选择。父母如果能学会提问，而不是用直接告知的方法，对叛逆的青春期孩子会有莫大的帮助。

此外，我们要成为积极正能量的父母，才能培养出了不起的孩子。

父母要多做一些积极的事情。可以多表达一点儿爱，比如多组织一些旅游，带孩子一块儿看他感兴趣的电影，陪他去参加一个他感兴趣的动漫展，实现他的一个小梦想等等。

切记，千万不要附加上条件！不要说："陪你参加动漫展可以，你必须考进前三名。""想去看电影，咱们敢不敢定个协议？"父母何必如此？孩子有个心愿，只要是健康的、正当的，就可以直接告诉他："没问题，爸爸给你去买票。"这一切都没有条件，因为父母就是无条件地爱孩子，不需任何附加条件。

当你能展示出这种无私的爱，展示出自己对孩子的这种耐心、宽容，对他未来的期许时，你根本不需要威胁他，孩子就会慢慢地软化。叛逆期的孩子最重要的就是软化，回归到柔软的状态，而不是天天像打了鸡血一样,跟谁都要斗,看到谁都要吵架。

我们不要被孩子表面的强硬所影响,记住:孩子叛逆的背后是敏感、脆弱、无助。

我记得有位妈妈跟我分享她的孩子在四五岁的时候,遇到有事情不明白或者不能接受时,从来不听大人解释,直接躺在地上打滚,又哭又闹几个小时。妈妈没有立即把他打一顿,而是非常有耐心地笑着说:"这个孩子啊,将来长大了,会成为一个了不起的人,还是会变成一个大无赖呢?"就是这样包容的慈悲心和耐心,让这个孩子从小就能感受到父母对他无条件的爱。孩子当然想长大了以后成为一个了不起的人。

这就是我们帮助叛逆期的孩子应该用到的方法。很多人提到叛逆期的孩子,用的词都是如何对付。其实我们不是对付,而是要出手相助,我们爱孩子,希望他变得更好。

一个受伤的孩子长大后,容易把坏的习惯带入他和他的孩子的亲子关系中,很有可能会伤害到他的家人。

不管你怎么对待孩子,孩子都会长大,都能长成成年人,但是我依然希望大家能用正确的方法,减少对自己、对社会、对家庭的伤害。

我希望今天的讲座能帮到那些已经有了叛逆症状孩子的家庭。我们要去发现孩子的亮点。当我们去表扬孩子,减少大喊大叫,有了问题先处理情绪,再处理问题,多做一些温暖的事情时,孩子一定能感觉得到你的爱,悄然陪孩子走出人生的迷茫期。

讲座地点:湖州市龙泉街道市陌社区

讲座时间:2019年11月1日

第五讲　赢了孩子还是赢得孩子——学会正面管教

亲爱的家长朋友们：大家好！

这个超长寒假您是赢了孩子还是赢得了孩子？

当下你是否遇到许多教育困惑：孩子为什么越来越难管？为什么他就是不能听我的话？为什么他总是莫名其妙地生气？为什么他一会儿明白一会儿糊涂……

是不是觉得孩子每天都带给你许多挑战：性格内向、倔强、固执、无理、喜欢闹脾气、散漫、不自信、情绪激烈、抗压能力差、胆小、不听话、吃手、作业拖拉、丢三落四、学习缺乏动力……

而你对孩子充满期待：积极开朗、自信、坚强、快乐、专注、正直、有同理心、有主见、勤劳、自尊、有担当、有责任心、善良、诚信、掌握解决问题的技巧、有韧性、高情商、抗压能力强……

今天我们从正面管教孩子开始说起！什么是正面管教呢？

曾经，家长对孩子严厉控制、动辄惩罚。后来，很多人又矫枉过正，走向娇纵、溺爱。诚然，过度严厉或娇纵都不可取，但除了在两者之间来回摇摆，人们不知道还有什么其他办法。现在，我们就用正面管教来回答这个问题。

我们先来看一下，不同教养方式的特征。

1.严厉型——孩子不参与决策过程。家长过度控制，有规矩没有自由，孩子没有选择权。

2.娇纵型——对孩子没有限制，有自由但没规矩，孩子有无限制的选择权。

3.正面管教型——家长和善与坚定并行，有权威，孩子有规矩也有自由，有受限制的选择权。

无论采用以上哪种教养方式，父母的内心都是希望孩子幸福，能否实现取决于孩子是否被培养为一个真正有能力的人。一个真正有能力的人，必须具备七项感知和技能。

1.对个人能力的感知——"我能行"。

2.对自己在重要关系中的价值的感知力——"我的贡献有价值，大家确实需要我"。

3.对自己在生活中的力量或影响的感知力——"我能够影响发生在自己身上的事情"。

4.内省能力，能理解个人的情绪，并且能利用这种理解做到自律以及自我控制。

5.人际沟通能力，善于和他人合作，并在沟通、协作、协商、分享、共情和倾听的基础上建立友谊。

6.整体把握能力，以有责任感、适应力、灵活性和正直的态度来对待日常生活中的各种限制以及行为后果。

7.判断能力强，运用智慧，根据适宜的价值观来评估局面。

长久以来的实践证明，只有在和善而坚定、有尊严、受尊重的氛围中才能培养出具备以上七项良好品格、有生活技能和责任感的孩子，才能从容面对人生的诸多挑战与议题。

很多人认为严厉和惩罚有效，且效果立竿见影。惩罚确实能立即制止不良行为，但是人们往往忽略它的代价和长期效果。事实上，孩子会用以下四个R中的一种或全部作为长期效果回敬我们的惩罚。

1. 愤恨（Resentment）——"这不公平！我不能相信大人！"

2. 报复（Revenge）——"这回他们赢了，但我会扳回来的！"

3. 反叛（Rebellion）——"我偏要对着干，以证明我不是必须按他们的要求去做。"

4. 退缩（Retreat）：①偷偷摸摸——"我下次绝不让他抓到。"②自卑——"我是个坏孩子。"

这些反应是否称得上有效呢？我们来对照有效管教的四个标准。

1. 是否和善与坚定并行？（对孩子尊重、鼓励）

2. 是否有助于孩子感受到归属感和价值感？（建立心灵纽带）

3. 是否长期有效？（惩罚短期有效，但长期看是负面效果）

4. 是否能教给孩子有价值的社会技能和生活技能，培养孩子的良好品格？

无疑，惩罚不满足以上任何一条标准。一直以来，人们认为若要让孩子做得更好，就得先让他感觉更糟！认为惩罚能让孩子吸取教训。事实上，惩罚不会带来改善的动力，只会教给孩子"四R"中的一种或全部。孩子或许没有意识到当下的心理动作，但是，他们未来的行为就是建立在这些潜意识之上。

正面管教理论指出，父母和老师们应该坚持：和善与坚定并行，以互相合作为基础，在孩子自我控制的基础上，培养孩子的各项生活能力。

"和善"的重要性在于表达我们对孩子的尊重,"坚定"的重要性,则在于尊重我们自己,尊重情形的需要。和善而坚定是正面管教的根本所在,而贯穿整个教养过程的则是对孩子无条件地爱,带给孩子归属感和价值感。

和大家分享几个践行正面管教的例子,首先我们来说说花时间训练。训练是教孩子生活技能的一项重要内容。不要期望孩子没有经过一步步的训练就知道怎么做。比如,想要孩子知道"清洁"是什么意思,我们可能要经历下面的步骤:

1. 一边做,一边和善地给孩子讲解。

2. 和孩子一起做。

3. 让孩子自己做,家长监督。

4. 当孩子感觉准备好了,让他自己做。

我家孩子在七八岁的时候,洗好澡后不会整理,卫生间就像被扫荡过。我交代他洗澡后要做好卫生间的清洁工作,把吹风机放回原位,因为妈妈洗澡也要用;把浴巾晾晒好,因为放在浴室里不卫生;再把要洗的衣服放在阳光房的水池里,这样妈妈洗衣服的时候不用再跑一趟了。刚开始的时候,可想而知,他洗好澡就和原来一样做甩手掌柜。放在以前,我一定是唠叨加指责,事实证明,这么多年的唠叨加指责毫无效果。于是我采取正面教育,我一边收拾卫生间,一边跟他说要怎么做。效果好得惊人,可能是因为我的和善,他很爽快地回答:"妈妈我知道了。"事情就这样结束了吗?哈哈,并没有呢,接下来的某一次,他又忘记了,我还是需要重复正面管教的步骤,做好监督员。在监督的状态下,让他自己做!这样反复地坚持下来,直到他养成良好的习惯。一个月后，我发现他已经完全不需要我提醒了，他已经知道自己该怎么做了，也算是真正理解了"清洁"的含义。

刚才我们说到监督，大家有没有发现，我们的孩子很反感我们的提醒，我家孩子的反感程度特别明显，小时候背课文就不愿意我提醒，遇到我提醒了就会很生气，说："我知道的呀！"可是偏偏我们家长就是缺乏对孩子的信任。

这里其实是另一个正面管教的例子了，我们要避免说教和挑剔，使用一个词作为友善的提醒。

1."毛巾。"（指掉在地上的毛巾）

2."盘子。"（盘子没放好）

3."狗。"（狗还没喂）

有没有发现，有的时候我们唠唠叨叨说了一大堆，只会得到孩子的一句顶嘴：你烦不烦啊。相反的，你和善地用一个词的善意提醒，效果往往特别好。

刚才我们说到顶嘴，这其实也是正面管教常遇到的，遇到孩子顶嘴，不要对顶回去。这样会造成权力之争或报复。那怎么做呢？

1.承认感觉。"听上去你真的非常生气。"

2.对自己的部分负责。"我意识到我对你说话时不尊重，听上去像发号施令或批评，很遗憾让你生这么大气。"

3.我尊重你的感受，但不能接受你刚才的做法。

大家是否感觉到孩子进入青春期以后，顶嘴是家常便饭了。如果每一次都要顶回去，那么，要么是孩子受伤，要么是自己受伤，每天要默念无数遍：亲生的！假设孩子和你顶嘴，"和善而坚定"的一种处理方式是你走开，到另一间屋里去。你虽然不能迫使别人以尊敬的态度对待你，但你可以以尊重的态度对待自己。等大家情绪平复了，你可以再找孩子谈一谈："宝贝儿，今后，每当你不尊重我时，我都会暂时走开一下。我爱你，愿意和你在一起，因此当你觉得能够尊重我时，就来告诉我，我会很乐意和你一起找出处理你怒气的其他方法。"

最后，再跟大家说一说控制你自己的行为，榜样是最好的老师。

当你都无法控制自己的行为时，还希望孩子能控制他们的行为吗？我们可以这么做：

1. 创建你自己的特别暂停区，当你需要使用它时告诉孩子。

2. 如果你不能离开冲突现场，数到10，或者深呼吸。

3. 当你犯错误时，对孩子道歉。

各位家长请记住，生气的当下，是最不适合解决问题的时候。在处理一个问题之前，先让自己冷静下来，直到能够用理性大脑来思考时再去解决问题，这也是我们应该教给孩子的一项重要技能。

如果家长真的做错了，请务必跟孩子道歉。道歉并不是什么丢脸的事情，因为我们要赢得孩子，而不是赢了孩子！

讲座地点：线上家庭教育讲座
讲座时间：2020年疫情期间

第六讲　请不要再说：孩子，我对你没有要求

各位家长：大家好！

最近碰到很多家长咨询，为什么孩子抑郁了，他们想不明白。父母常常说一些类似的话：我不逼他的呀，我们真的对他没有要求呀，我们家里很民主的，都是和孩子商量的，我们都是征求孩子意见的，都是他自己选择的……

既然如此，为什么孩子会崩溃大哭，会不想去学校，会觉得活着那么累、那么辛苦呢？在这些孩子内心世界中，他们多半觉得自己无比糟糕，父母对自己没有要求，自己竟然还那么难受，太没用了。父母对自己没有要求，但是自己无论做什么，好像父母都不满意，自己总是令他们失望。看到父母焦虑地皱着眉，自己很想努力让他们开心，但是真的无力完成，他们越是让自己别完成了，自己越是感到内疚抱歉。当一个孩子表现出自我评价低、自责、无力，因为做什么都无用，做什么都做不好，以至于也没有兴趣、没有动力再去做的时候，他们的确会陷入抑郁中。

这些是如何发生的呢？不管你是焦虑的爸爸妈妈，还是抑郁的孩子，也许你们都会对如下的场景感到很熟悉。

孩子："我今天不去健身了，有点累。"

家长："怎么又不去了啊，办了健身卡就是为了让你增强体质，你身体素质太差了，多锻炼锻炼才会好啊。"

孩子:"可是我今天没力气啊"

家长:"动了才有力气啊,你看××家的×××,每天都去的,身体多好。"

孩子:"他是他,我是我啊!"

家长:"所以你要锻炼身体,像他一样啊。再说年卡不去多浪费啊,当初不是问过你的吗,你说会去我才为你办的啊。"

孩子:"我没说要天天去啊,你怎么不自己去啊"

家长:"你不去我去有什么意思啊,就是为你办的啊!"

孩子:"我又没要你为我办卡,你自己办的卡你去!"

家长:"那我烧的饭也我吃,你也别吃了!"

面对比自己更像孩子一样撒气的家长,孩子语塞,无力地叹息一声,没办法再说下去——

这声叹息,在父母眼里,被解读成对自己的不屑。一转身,妈妈向爸爸诉苦:"孩子脾气差,没良心,不知感恩,不知父母付出的心血都是为他好,以后这种态度,到社会上怎么跟人相处,哪个单位会要他——只有在家里才由着他想干吗就干吗,这样做事没有恒心,办了健身卡也没去几次,这种习惯带到学习和工作上,怎么可能做得好事情。"

爸爸则叹气摇头:"此路不通,再寻一条路,总要找个办法让孩子身体健康、性格好一点、做事有毅力一点,这些方面是基本的,效果不强求。"于是爸爸和妈妈一个天天横眉冷对,一个天天愁眉苦脸。

这些话,孩子在背后都听得到,孩子也在自责。是啊,父母是没逼自己锻炼,也由着自己了,但是心里的感受很糟糕。父母年纪渐渐大了，放弃自己的工作事业，为了照顾自己牺牲了很多，身体也变差了，妈妈的头发也白了。孩子内心也在担心父母。

我们仔细分析一下，在这个家庭中，孩子表达了想休息的需要，他说自己很累。但是父母似乎并不认真对待他的需要，他们虽然没有坚持要求孩子去运动，但是他们非常坚持地表达了，运动是应该的，不运动是不好的。

当父母的期待被如此坚定地表达出来时，不管最终这个期待有没有实施，这都是对孩子的要求，生活中类似的期待无所不在，比如要不要吃蔬菜，是不是要准时睡觉，什么时候要洗澡，什么时候可以看电视或者打游戏。每当孩子有自己的需求时，父母总是会以一些过来人的经验，提供一些无比"正确"的解决办法，期待孩子执行。这些事情往往还会和未来的某个发展需求挂钩，比如身体健康，中考体育成绩好；不看电视，视力好，以后不用戴眼镜，以后好找工作；作息习惯好，没有不良嗜好，有利于养成好习惯，成就好人生等，似乎一点都没错。但当孩子不能满足这个期待时，父母会流露出一些失望甚至责备，担忧未来可能发生与自己期待的相反的结果，比如孩子真的身体不好，习惯不好，睡眠不足，长不高，太胖，脾气不好，嘴不甜，人际关系处不好，找不到工作，找不到对象……

这样的期待太多，几乎24小时包围着孩子，他做的每一件事情，几乎都有一个爸爸妈妈认为应该的解决方案，而他自己的方案，总是会被爸爸妈妈看成不妥当的。孩子一开始总是非常善意且体谅父母的，当他们的学业压力不那么重的时候，他们愿意为了实现父母的期待，去努力完成一些事情，哪怕有时候违背他们自己的需求，只要能让父母高兴，又可以避免争执，按照他们说的去做，反而简单些。

各位家长有没有发现，有时候所谓的"民主"征求意见，不过是我们家长提供了选项a和选项b，请孩子选择一个。对于孩子自己提出的选项c，基本上是不会进入父母的视野范围。要和父母去争取选项c的权利，太累，还是在不喜欢的a和b中选一个喜欢一点的简单些，虽然自己执行起来不开心，但也避免了麻烦。

这些令自己不开心但可以令父母开心的事情，在有精力的时候做了也就做了，当孩子的学业压力变得繁重的时候，当他们已经在学校累了一天的时候，就变得很难，甚至不太想做。这时候有些家长会认为孩子偷懒了，为什么以前你可以做到的，现在做不到了？你现在的态度怎么和以前不一样了？

我所见到的大部分孩子，真的都是非常善良的，如果不是因为他们如此善良，为了照顾、满足父母的期待，硬撑着继续去做一些自己早就已经不想做的事情，他们可能不至于抑郁到需要求助。硬撑，真的非常非常消耗自己，所以他们止不住地想哭，情绪崩溃，甚至开始自问：人为什么要活着呢？活着有什么意义呢？当他们整天像被控制的提线木偶一样，表演着父母心中的剧本时，他们是没有生命力的。

雪上加霜的是，有一些家长在看到孩子抑郁的时候，没有能力觉察到自己的问题，因为他们也被自己的紧张焦虑所困住了，感到更加烦躁，对孩子的脾气也会变差。他们有时候甚至会误会孩子无病呻吟，是装出来的。家长无法理解，自己每天好吃好喝供着孩子，对他的学习成绩也没有要求，他有什么可抑郁的。

他们越担心孩子抑郁，越急着想让孩子不抑郁，所以非常主动地开导（说教），让孩子自我调节，让孩子去运动，让孩子出门社交，让孩子听轻快的音乐……在孩子希望缩在阴暗的角落里发呆的时候，他们强行拉开窗帘、打开灯，要把光线引进房间；在孩子想要安静的一个人待着的时候，他们刻意地去找孩子交谈开解，去灌输人生的积极意义。

这些在一般情况下似乎无比正确的积极人生态度，被粗暴地施加在一个抑郁者的身上，无异于在一个本来已经失眠的人耳边敲锣打鼓不让他睡觉，甚至是翻来覆去地折腾抢救一个躺在床上垂危的病人，插上各种急救管子，毫无章法地疯狂电击，最后的结果，不是把这个人救活，而是会加速他的死亡。

这些描述看起来很夸张，但是在很多家庭里，类似的剧本天天上演。当然，并不是每一个孩子都会抑郁，有一些抗打击能力强的孩子，他们忍耐着，但是付出的代价是昂贵和沉重的。

生命有求生的本能，为了让自己可以硬撑下去，他们会延伸出一些功能来保护自己。比如，有一个功能叫作"隔离"。这个功能可以让孩子把辛苦的体验隔绝到自己的意识范围之外，好像察觉不到，他就可以变成一台没有感受的机器，就可以运作得比较有效率，而这样的孩子很可能在他们的学业和成年后早期的事业表现上都比较出色。

也有一些孩子，他们可能隔离得狠一点，把自己关起来了，好像一个蜷缩起来的茧，外面包着厚厚的壳，作茧自缚，为了让你没有办法再伤害到他。所以，你看到的他，缩在那里不动，好像没有生命一样。

不过，隔离的代价是令人心酸的。时间越久，父母越会觉得，孩子怎么和自己不亲，孩子怎么不愿意来看望自己，孩子很冷漠，不关心自己……是的，因为隔离不仅仅隔绝掉了一些辛苦的体验，也同时会隔绝掉一些爱和亲密的体验。

很多这样长大的孩子，在成年以后不愿意回家，想到回家就很累，家对他们来说好像不是一个可以停靠和休息的港湾，而是一个负担，他们可能惧怕面对父母那操心的目光，小心翼翼的问候。因为惧怕，所以回避。当有一天他们想发展和别人的亲密关系时，发现自己无法走近别人，或者无法让别人走近自己。因为他们小时候可能就不太会处理和父母的冲突，应对的方式要么是忍耐勉强自己，要么是回避，所以这也给他们长期的职业发展带来一些麻烦，不擅长处理人际关系，常常觉得自己很委屈、很累。

我在接受这类孩子的咨询中，实际上是在扮演父母的角色，让孩子重新体验一段和父母的新关系。比如，当孩子表达累的时候，我会尝试接纳和允许这部分，也可能会找机会讨论这部分，和孩子一起探索解决办法，让孩子体验并学会建立一些新的应对模式。

先体验，然后才能学会。我不会像老师上课那样，单纯地教知识和方法，而是让孩子自己操作，我从旁协助。这样，孩子才会有体验感，才会建立起属于自己的新模式。

老师："是啊，看你的样子挺累的。"

孩子："我今天不太想说话。"

老师："嗯（也许老师会在之后一直保持沉默，直到孩子下一次开口）。"

孩子："其实我今天觉得很郁闷，明明不是我的问题，爸爸都不问清楚，就批评我……我不知道该怎么办？"

老师："嗯，你有什么想法吗？"

孩子："我觉得……"

老师："接下来你会怎么做呢？"

孩子："我会……"

老师："为什么你想这样做呢？"

孩子："因为……"

老师："也许你可以试试看你刚才说的办法。"

孩子："可是我有点担心做不好。"

老师："如果遇到了困难，我们可以接着讨论。"

孩子："好的。"

在这个场景中，我处在一个平稳的状态，就好像一个大容器，可以承接住孩子的累、郁闷、问题，我只是接住它们，而不是直接帮孩子处理问题。

老师安静、耐心的等待，会让孩子感到安全，不受威胁，没有那么大的压力，于是他也会渐渐平静和放松下来，这时候，一些在紧张状态下被隔离掉的东西，会慢慢浮现出来。这些浮现出来的东西，往往是一层一层积压了很久的东西，这些茧非常厚也非常硬，包裹的内心却非常柔软和脆弱。我会从最接近当下的表层开始，一点点触及内核深层被保护起来的部分，使其可以慢慢舒展开来，慢慢破茧而出。

处理这一层层厚厚的茧，是需要有很长时间和耐心的，需要涵容。动是简单的，可一不小心动过头，就是伤害；要静下来不动，是非常难的。因为面对孩子的无力求助、焦虑、对解决方法的催促，我很容易引发焦虑，难免会被推动。此时一定要守住自己的边界，不乱动。

在这个过程中也有很大的压力，但我不能直接倾泻到孩子身上去，那样我就又成了他的父母。我以包容的心态对待他们，有时候会有一点解释，真正解决问题、厘清思路都是孩子自己，每个孩子都有解决自己问题的能力。我只是提供一个安全、稳定的环境，在这样的条件下，孩子才能不成为被操控的木偶，才能发挥出真正属于自己的能力。

当孩子的表达得不到承接和安抚，只是换来父母的指责、失望、愤怒和让他们难以承受的担忧的目光时，孩子自然也就越来越不愿意表达自己的想法和情绪了。父母没有章法，控制着孩子乱舞，其实彼此之间都是极为难受的。

我有一个已经工作的学生和我说，他对当前的工作感到不满意，可是一想到辞职回家要对着父母那两双焦虑的眼睛，就打消了这个念头，还是在公司里轻松一点。他说："从小到大，我最怕的就是爸妈说对我没有要求，事实上这让我觉得我永远没办法满足他们的要求，在我眼里没有要求等于每时每刻都在要求。虽然哭对我来说是释放压力，但是我敏感地察觉到如果我在他们面前哭，对他们来讲是增加了他们的压力，我害怕他们焦虑的样子，所以我强制自己不哭。我也不能躺着休息，因为这对我来讲是休息，对他们来讲，会觉得我生病了，又在旁边愁眉苦脸唠唠叨叨，我只好把自己'激活'，让他们看到我似乎还好的样子，这样更累，所以我不想辞职。"

同理，没有成年的孩子，他们可能无法那么清晰地表达自己的感受，但是他们表现出来的症状是类似的，无力应对学习，因为每天都非常累，可是父母焦虑的样子，也让他们没办法休学，因为要天天面对父母，太痛苦，他们被卡在休学和不休学的纠结中。

那么，怎么能让父母不瞎操心，不乱指挥呢？这是我在做青少年咨询中遇到的最大难题。事实上，有抑郁症状的孩子，本身只是父母病态的症状的表达，一些父母自己不愿意承受的羞耻、无力、对未来的无法掌控、恐惧等，通过对孩子的掌控，由家庭中最弱小的一方表现出来。

因此，要解决青春期孩子的问题，其实是非常需要家长一起介入做家庭疗愈的。家长如果自己本身的成长经历是一段糟糕的体验，那么家长本身也很难发展出成熟的心理水平，这时候非常建议家长先解决自己的问题，然后再去帮助孩子。坐飞机的时候，大家一定都听乘务员说过，需要自己先戴好氧气面罩，再去帮孩子戴。如果家长自身是一个病人，去救另一个病人，可能最终会导致两个人都变得更糟糕。

很多家长自身是带着童年期没有被满足的愿望来照顾下一代的，或者，是带着不要让孩子重复自己经历过的苦难的想法，来帮助下一代避开自己曾经遭遇过的各种挫折。然而，环境在变，人也在变，当年你的愿望，不一定是孩子的愿望，满足了你，可能无法满足孩子。当年你的挫折，在今天的环境下对孩子不一定是挫折，你如何确定你引导孩子走的看似安全的路会不会隐藏着你没有经历过的更大的挫折呢？

如果把孩子看作风筝，家长总是希望孩子高飞。但又担心风筝脱线不受自己控制，害怕风筝飞得不好，于是把线拉得太紧，那么风筝自然是飞不起来的。一个飞不起来的风筝，即便是被牢牢拽在手心里，时间久了你也会嫌弃、埋怨它怎么飞不起来吧。家长要有胆量把风筝线放出去，不怕脱线。

最好的关系状态是父母只是风筝下的磐石，稳定地待在那里，不用替风筝飞，也不用紧紧抓着风筝线，因为磐石足够大、足够稳，不会被风筝的飞舞掀起来，风筝可以很安心、很自由地飞。我们一定要相信孩子可以自己找到办法克服挫折，孩子有自我修复的能力，家长只要在孩子求助的时候，提供必要的支持和接纳，不是代劳，而是把足够的空间留给孩子自己。

正是基于父母、老师全然的信任，孩子才会体验到自己是好的、是正确的、有价值、有力量的，这会帮助青春期孩子慢慢建立起一个相信自己的内核，让他更有能力去承受未来可能发生的不确定性，而

不再需要像父母那样，希望把一切都预设好，掌控在自己手心里。这就是家长的角色，为孩子提供稳定而坚强的后盾。

  讲座地点：湖州市社会组织服务中心讲座

  讲座时间：2020年11月19日

第七讲　别让语言烙印，影响孩子一生

各位家长，大家好！

青春期家长与孩子的沟通非常重要，父母怎么说，孩子才会听？每位家长都希望自己成为一名真正会沟通的高手，最终收获从容、和谐、幸福的亲子关系。

我首先介绍马歇尔·卢森堡博士，他是全球首位非暴力沟通专家，国际非暴力沟通中心创始人。他曾经用非暴力沟通的理念，和平解决了两国之间的冲突，还因此获得了地球村基金会颁发的"和平之桥"奖。

先让大家了解什么是暴力沟通，你会惊讶地发现，自己其实每天都在遭受或者对他人施以"暴力沟通"。据统计，生活中有超过80%的冲突都是因为表达不当造成的，其中很多都是暴力沟通的结果。

请回想一下，最近和你沟通的人，有没有批评指责你，或者说一些让你不太舒服的话？比如："整天在家不工作，就只让你管个孩子都管不好！""能不能成熟点，职业一点。你能干就好好干，不能干拉倒！"或者你有没有吼孩子，说教老公，比如："数学考试又没及格，上课都干吗了？整天就知道玩儿！""你看看隔壁老王，能赚钱又顾家，还经常帮老婆做家务，你再看看你！"

其实，这些都是不同程度的暴力沟通！

我们在生活中经常会听到类似的话，有些是我们对别人说的，有

些是别人对我们说的。这些语言带来的负能量和伤害，使得我们不仅解决不了问题，还会导致各种矛盾、冲突，破坏关系等等。

因此，要想好好沟通，就一定要避开这些暴力语言。为了方便大家理解，我们把最常见的语言暴力，概括为4D语言。具体是哪四个D呢？

第一个D，Diagnosis，过分诊断。

我们常常会犯这样一个错误，喜欢在一瞬间给一个人盖棺定论，过分揣测他人动机，具体表现为轻易评价他人，或者给他人贴标签。举个简单的例子，小王和小李是多年同事，今天两人擦肩而过，但小王没和小李打招呼，视而不见。小李就开始郁闷了："这家伙，怎么搞的！升职了不起么，这么傲娇？"结果越想越气。但不打招呼只有这一种可能性吗？或许小王真的没看到，又或者小王赶时间或是身体不舒服，其实有很多可能，但小李只是根据自己的揣测，想到这一种最让自己难受的可能。

同样的以偏概全的评价还有很多，比如懒、笨、傻、爱出风头等等。这样的论断，是因为我们觉得对方的行为不符合我的价值观，所以就用自己的道德标准来评判他，而事实也许并不是这样，误会和隔阂就这样产生了。

第二个D，Denial，否认与否定。

比如当事情发生时，我们总是会先说"不会啊""不会吧""事情不是这样的""那是你自己的问题"……这就是否认。

还有否定，比如当你的朋友很难过时，我们可能会说"你不要难过嘛"，当你的孩子想表达自己的想法，你可能会说"小小年纪懂什么,大人说话别插嘴"等等。结果就是朋友会更难过,下次伤心了也不会再找你;孩子不再轻易表达自己,有心事也不再跟你聊,和你越来越疏远。

第三个D,Demand,命令与威胁。

命令和说教,比如"你马上去做""赶紧写作业去""你如果不好好读书,将来只能扫大街"。威胁,常见的是情感勒索,比如"妈妈这么辛苦工作,都是为了你""你今天走出这扇门,那你就要负所有责任"。这也是典型的冷暴力语言,会让对方非常不舒服,恨不得马上逃走。

第四个D,Deserve,简单来说就是你应该怎样。

"你身为一个孩子,就应该好好读书,什么都不要做""你身为一个妈妈,就应该多做家务""你身为一家之主,你就应该怎样怎样"。当我们讲应该的时候,听的人会被框住,潜意识里就会生出一种反抗。自然就很难达到你想要的沟通结果。

以上就是4D语言的总结归纳,这里只举了一些简单的例子,我们可以再回想一下,在平时的生活中还有哪些情况下使用或遭受了暴力语言呢?

在避开暴力语言后,我们该怎么做才能达到理想的沟通效果呢?首先我们要掌握非暴力沟通的四要素。

第一个要素:区分观察事实与评论。

如果现在请你用"读书"造句,你会怎么说呢?你可能会说:"我喜欢读书""读书让我成长""我不爱读书,我喜欢听书",刚说的这些是观察到的事实,还是评论的观点?此时,你可能会说"这是事实啊,我就是这么想的",注意,"这是你想的",所以这其实是你的观点。再听听这句:"我正在读《红楼梦》。"这个才是事实,理解了吗?

事实是观察到的,可以被证明是真是假、是对还是错的;而评论是主观的看法和评价,是你对事物的判断,是根据自己的想法得出的结论。

非暴力沟通强调的就是仔细观察正在发生的事,并客观公正地说出你看到的。因为事实是最不容易让人误解的地方,更容易让双方达成一致。

如果沟通中直接评论,只要有一点意见不一致,就容易激起辩论心,不愿做出友善的回应。

第二个要素:区分感受和想法。

简单来说,感受是走"心"的,想法是走"脑"的。感受是我们的心情或情绪,而想法可能是我们对自己或对别人的评价、看法。

理解这一点,对我们特别重要,因为中国文化里是不注重谈感受的,我们更注重想法。想一想,孩子小时候摔倒,爸爸妈妈是不是说"不哭不哭,男子汉哭什么"!当内心的感受没有被倾听过,孩子长大后就常常会忽略感受,更看重各种权威主张的"正确思想",常常习惯于考虑:人们期待我怎么做?我应该怎么做?而不是,我的感受如何。

我们来举例区分一下感受和想法:

"今天早上你明明看到我却装没看见,我觉得你没把我当朋友。"

"我生日你没给我打电话,我觉得你不爱我了。"这是想法,通常带有"我觉得"这样的字眼大部分都是想法。

如果你说,"今天早上你明明看到我却装没看见,我感觉有点伤心。""我生日你没给我打电话,我感觉很失落。"这就是表达感受。看出区别了吗?通常有情绪词的大部分是走心的,是感受。

表达感受,更有助于推进下一步谈话,交流想法,解决问题。而不是你直接抛出一个想法,对方可能感觉被误解,就容易产生矛盾。

交流了事实和感受之后,我们要想办法获得自己想要的感受,也就是沟通的最终目的。

第三个要素:需求。

需求简单来说就是你自身的需要。需要的满足或不满足,会引发不同的感受。所以,看起来是别人的言行激起了我们不同的感受,实际上是受我们自身的需要和期待影响的。

家长了解这一点特别重要,我们通常会把感受归咎于别人的所作所为,去批评指责,而不习惯于直接表达内心需要,这才是解决问题的根本。

举个例子:老公回到家,听到老婆说:"我从早忙到晚,洗衣服、拖地、擦桌子,又去超市买一堆用的东西,拎得我手都快断了!下午又要收拾厨房和卫生间,刚弄完就四点多了,赶紧来准备晚饭。你就不能来搭把手吗?一回来就像个大爷一样啥也不干!"

其实她所有的批评指责都可以表达为一句简单的话,那就是"我今天累坏了,想休息一下,你能帮我吗?"如果你是老公,听到前一个表达,你会怎么回应?听到后一个表达,你又会怎么回应?两者截然不同。

当我们以批评的方式来表达需求,在对方看来,首先是情绪上的对立、感受到指责,常常会先申辩和反击,很容易吵起来。而当你直接、正确地说出需求，对方才能理解，获得积极回应的可能性才会增加。

那怎样正确说出需要呢？那就是学会请求，也是非暴力沟通的最后一个要素。

首先最重要的一步是区分请求与命令，同样是让对方做事，人们都喜欢被请求，而不是被命令。有的人一直用命令的语气说话，自己却没有察觉。其实请求和命令的主要区别在于以下两点：

1.对方不能满足要求的话，是否会受到惩罚、责备。举个例子，大人经常对小孩子说："你要好好学习，你要听话，你要……"这些都是命令。因为孩子不听话，是要被骂的。

2.利用对方的内疚心理达到目的，有强人所难的意思，也会被认为是命令。亲密关系中经常出现类似问题，比如，家人希望你选择你不喜欢但是稳定的工作，对你说："你要好好珍惜这次机会，不要辜负爸妈的期望。"这些都会让人觉得是带有命令式的要求，会有些不愉快的感觉。

我们来总结一下刚才讲过的：首先，我们了解了4种暴力语言：过分诊断、否认与否定、命令与威胁、应该。

然后我们知道了非暴力沟通的四要素：观察、感受、需求、请求。针对每个要素，我们做了详细的讲解。

第一个要素告诉我们：沟通中要把观察到的事实说清楚，不要一上来就评判。

第二个要素告诉我们：要学会区分"感受"和"想法"，更多地表达感受，避免直接说想法。

第三个要素让我们能明确自己的内在需求，这样对方才能更好地理解你。

第四个要素让我们能柔和地表达自己的请求，避免命令带来排斥，从而达成沟通目标。

当你学会了这种非暴力沟通方式，用更全面的眼光看事情，既能诚实、清晰地表达自己，又能尊重与倾听他人。

下面我们就要结合一些生活中的案例，用非暴力的沟通方式，来解决大家实际生活中遇到的沟通难题，别让语言烙印，影响孩子一生。

相信很多家长都会遇到这样的烦恼：孩子小的时候，会操心他不好好吃饭、起床穿衣磨蹭，你对他和声细语吧，他当没听见，你大声呵斥，他就哭给你看。随着孩子年龄的增长，交流就更困难了，青春期的孩子自己想法一大堆，不但不听你的，还会觉得你不懂他，跟你的关系越来越疏离。

这时候作为家长肯定会非常着急、生气，可能会忍不住责备甚至打骂孩子，事后自己也会后悔。家长会觉得孩子叛逆、不听话，让人操碎了心，而孩子也觉得爸妈专制、武断、不近人情。

其实，亲子之间非常适合使用"非暴力沟通"的四要素来解决问题，通过"观察、感受、需求、请求"四要素，层层递进，如果做好了每一个步骤，其实不愁建立一段亲近、舒心的亲子关系。

下面我们就具体来讲怎样跟孩子好好沟通。

第一步就是观察。在遇到孩子有问题时，了解事情发生的前因后果至关重要，很多家长往往在第一时间会很生气，直接责备孩子，一旦情况不是我们看到的那样,孩子就会觉得被误解,直接破坏亲子间的信任关系。所以我们一定要询问清楚事实,观察孩子情绪,在说话时,不要带有太多的个人主观情绪和评判。

比如,小孩早上到点不起床,针对这个问题,暴力沟通的方式是什么呢:"你这孩子怎么又赖床,不知道上学要迟到了吗?一点也不自觉、不听话!"首先这是埋怨的语气,其次是评判了孩子有意赖床、不自觉、不听话。那根据我们之前讲的,孩子听到这样的负面责备后,就容易激起逆反情绪,更不愿意起床了。

那如果用非暴力的表达方式,我们要怎么说呢?

首先是基于事实来说:"孩子,你这礼拜是第三次到点不起床了。"

大家能否看出其中的差别?一个是表达家长的主观"观点",是情绪化的。另一个是基于看到的事实,比较理性的描述。

孩子听到非暴力的说法,或许会产生羞愧的情绪,但是听到家长说他"又不起床、不自觉、不听话",他会把家长的这番话,当成对他的指责,即便是他做得不对,指责式的话语会让孩子生出不满,还没开始沟通,就产生了抗拒的想法。可想而知,这样的结果不会尽如人意。

别看两者字面上差别不大,但一个是"主观情绪"的观点,另一个是相对客观的事实,让孩子听起来就是不一样的感受。

所以在观察孩子的行为和情绪时,家长一定要把"评判"和"事实"区分开来。

我们再举个例子,当你希望孩子书桌干净整洁的时候,不要对孩子进行斥责,责骂孩子乱扔书本。可以试着换一种说法,告诉孩子:

"你看你的书桌很乱,这样不容易找到你想要的东西,还让你的书房变得乱糟糟了。"二者想要传达的意思是一样的,很显然后者比前者更加容易让人接受。

在观察之后,家长们已经基于事实对情况有了了解,也注意到了孩子的情绪,那接下来就要利用第二个要素,感受。学会将自己观察到的东西,转化为内心的感受,跟孩子同频。

比如,你在孩子犯错的时候,感受这件事情会带来怎样的影响,你的心情是怎样的,而不只是噼里啪啦地对孩子进行责骂。

比如,有的孩子比较粗心,容易丢东西。有些家长就训斥:"你怎么总是丢三落四的?说多少次都不长记性,长脑子是干什么的!"这就是典型的斥责,属于暴力语言。

用非暴力的方式,其实家长可以告诉孩子这样的行为给彼此带来什么不好的感受。细想一下,责骂的背后其实是源于对孩子的失望。那换种方式说:"孩子,你这次把新买的水杯丢在外边了,我觉得挺心疼的,因为又要花钱买个新的,你是不是也觉得挺可惜的?""感到心疼""觉得可惜",这样的字眼让孩子更容易感知家长的情绪,他也会去想自己的感受,比被骂丢三落四要容易接受多了。

家长要记住一点:责骂只能宣泄我们当下的情绪,只会让孩子对父母的管教产生抵触。但好好说话,表达感受,孩子才能够理解你真正的用心,才是一个良性沟通的开端,让这次的交流变得有效。

在客观地指出孩子问题,并表达感受后,再对孩子有所需求。

非暴力沟通的下一步,就是要让孩子明白我们想要什么,他可以如何作出改变。

同样是上面丢东西的案例，孩子丢了水杯，内心会有懊恼。这时我们就可以提出需求，希望他能养成更好的习惯，比如说："我们下次要再细心一点，要珍惜爱护自己的东西，不然会很浪费，你说是吗？"这样，他会知道珍惜物品的重要性。

沟通时，记得把注意力放在自己的需要上，而不是责怪对方。我们要注意语言，既然是表达你自己的需求，别用命令性的、太生硬的语言，这样即使是合理的需要也变得无理了。在这个过程中，过多的情绪宣泄只会提早结束这段对话，孩子是无法感知到你的需要的。

前三个步骤进行完后，可别忘了我们最终的诉求：我们跟孩子摆事实、讲道理，最终的目的是要让孩子落实到行动上。

这个时候就是提出请求，让孩子以后"向更好的方向改变自己"。

提请求同样要注意语气，好多家长习惯用一种上级对下级的强硬语气，你应该怎么怎么样，你下次必须怎么怎么样，你不能怎么怎么样。

家长千万不要觉得孩子就应该服从指令，这个逻辑是不存在的！换位思考一下，如果是你，肯定也不愿意接受别人的命令。强硬的语气只会让听的人感到自己毫无地位，产生逆反，即使他知道应该这样做，也会用拖延、无视一类的战术来消极应对。

我们再说丢水杯这个简单的案例，该怎么提请求呢？试着用商量的口吻和孩子说话，比如："那你下次能不能记得检查一下，随身物品带没带全？喝完水的时候，可以随手就把水杯放在书包里，这样就不容易丢了，是不是？"

多用："你能不能""你可不可以"这样的句式，孩子听起来的接受度会更高，更愿意去行动，因为他感受到了家长对他的信任和鼓励。

丢东西的沟通方式，也可以迁移到孩子学习时写作业不认真、乱扔乱放物品等等类似的问题上。下面我们再复习一下整个"非暴力沟通"的过程，将四个步骤串联起来，就是一条完整有效的亲子沟通链。面对孩子丢东西，一个妈妈跟自己的孩子说："孩子，你这次又把新买的水杯丢了。"（观察到的事实）"这让我觉得挺心疼的，因为又要花钱买个新的，你是不是也觉得挺可惜的？"（表达内心的感受）"我们可以再细心一点，学会珍惜爱护自己的东西，不然会很浪费钱，你说是吗？"（表达需要）"所以，你下次可以检查一下，随身物品带没带全？喝完水的时候，可以随手就把水杯放在书包里，这样就不容易丢了，是不是？"（终极请求）

听完这些再去面对孩子，你会不会感觉好很多呢？家长们可以去试一试。

熟练地运用"非暴力沟通"，重要的就是如何学会更好地表达自己，而不是他人。必要的时候，可以和孩子进行角色互换，感知孩子的情绪。

在刚刚接触这一沟通方式的时候，大家或许会有不适应，无法很好地掌握，也不需要太过懊恼，实践出真知，多练习就好了。

一定要牢记，情感互通是最重要的，一旦彼此感受可以互通，就有更大的可能达成彼此的谅解，理解彼此的需求，沟通绝对事半功倍。

讲座地点：湖州市仁皇四社区讲座

讲座时间：2020年7月8日

第八讲　激发孩子内驱力，引爆学习热情

今天，在优雅、知性、睿智的俞校长的牵线搭桥下，我有幸在这里遇见你们。遇见是一种缘分，感恩遇见！我有好多身份，但我今天最重要的"身份"是家庭教育导师，我觉得这才是我接下来的使命。人的生命很短暂，从生到死，从起点到终点，如果没有一个拐点，生命也就没有亮点了，我生命的拐点出现在自己孩子的青春叛逆期。那时和孩子一起去听家庭教育讲座，遇到了九羽老师。九羽老师帮助了千千万万的家长，并且把家庭教育通过华夏之声传递给海外华人。这么多年下来，我一直在修炼自己，成为内心有善念并把善意传递下去的人。讲到身份，我想到西方哲学三大终极问题，"我是谁？我从哪里来？我要到哪里去？"这三个问题也是困扰我们每个人一辈子的问题。简单理解就是要了解自己、认识自己、树立目标，这样人生才不会迷茫。

我们知道教育的根本任务就是，立德树人。立德：就是坚持德育为先，通过正面教育来引导人、感化人、激励人。树人：就是坚持以人为本，通过合适的教育来塑造人、改变人、发展人。我个人认为教育要植入孩子生命的三根支柱是，无条件的爱、价值感和终身成长心态。

学校教育重"求知、明智"，家庭教育重"修身、养志"，双管齐下才能养育出健康、幸福的孩子。

人生来是追求幸福的，感受幸福是一种能力。

鸡蛋，由外向内打破是食物，由内向外打破是生命。所以，力量在外，人生由别人主导，是压力。力量在内，主导自己的人生，是动力。那么作为家长如何激发孩子内驱力，别让孩子成为空心人迫在眉睫。

很多家长千辛万苦地小心呵护着孩子的成长，从小学到初中到高中，但是总有一天，他会离开你去上大学。而等他去上大学的时候你会发现，没有了外在的约束之后，这个孩子就会彻底地放松，甚至自我沦陷。

我们应该思考的事是，让孩子上大学就是我们教育的终点吗？真的把这个孩子塞到了某个有名的学校里边去，我们的家长就能够心满意足地结束了这一切吗？你想想看，大学之后，他还需要面对更加漫长的人生，而如果整个的过程和步骤当中，他自己都没有参与感，成了一个空心人，不知道想要什么，只是别人让做什么就做什么，那么让孩子上大学的目的到底是什么？

这样反思下来，你会发现我们大量的家长逼迫着孩子上大学，本质上是为了自己的面子，觉得我的孩子应该上一个更好的学校。我们应该回归到教育的本质，了解到怎么样让一个孩子能够产生内驱力，产生自律的能力，这对所有的家庭都是非常重要的。

首先，我们要知道现代家庭教育的四个错误观念。

第一个错误观念叫作"通往成功的途径是一座独木桥，而孩子万万不能被别人挤下来"。这就是大家都拼命地上名校，拼命地去买学区房，然后让孩子去参加补习班的原因。这个观念很明显是不对的，因为我刚讲过人生是一个复杂的过程，而不是一个简单的过程。孩子不是像汽车一样拼凑起来就能够跑。

第二个错误观念叫作"如果你想拥有好生活，在学校里就得拥有好成绩"。太多的孩子不是被逼得太过急躁，就是破罐子破摔，放弃了所有能尝试的机会。

错误观念三，就是"催得越紧逼得越狠，我们的孩子就能越成功，长大后就越有出息"。好多孩子被父母逼着考级，短期内孩子拿到了很多个证，但是孩子并不心甘情愿。往十年以后看，你会发现，给这些孩子内心所造成的伤害和内驱力的损伤，是无法计算的代价。

第四个错误观念就是"今天的世界比以往要凶险得多，家长必须一直紧盯着孩子，才能确保他们不被伤害，也不至于让孩子闯祸"。现在的社会要比我们那会儿安全得多，整个犯罪率都在大幅地下降，城市里到处都是摄像头，所以整个社会的安全性在不断地提高，只不过是因为我们的视觉窄化，我们看到的那些新闻把我们吓坏了，所以我们才会变成一个"直升机"父母，天天在孩子的头顶盘旋。

如何走出误区？我们得了解我们的大脑。我们要知道孩子大脑当中做决策的到底是什么，了解调节压力、控制冲动的最重要的三个部分。第一个部分叫前额皮质，它是我们人类区别于其他动物的最重要的部分，是我们发展出语言、逻辑、推理能力的这个部分，叫领航员。如果你是用前额皮质在进行决策，用前额皮质在引领你的生活的话，那么你是冷静的，你是理智的，你是可以控制和约束自己的。前额皮质有一个特点，就是压力过大的时候它就掉线了。举一个最简单的例子，就是你跟别人吵架或者是生气的时候，你会说不出话来。为什么会说不出话来呢？压力太大，掉线了，这就是前额皮质的特点。那么它掉线了谁接手呢？是藏在脑子中间后边这部分的杏仁核。杏仁核像一个斗狮战士一样，它是我们大脑当中最早长出来的，这一部分是情绪化的。你会发现，当我们的孩子压力过大的时候，如果放弃了前额皮质这部分的管控，他就变得易怒，会大喊大叫或者逃避，陷入沉默或者暴力的状态当中去。原因是什么？此刻掌控他大脑的是杏仁核，如果他的压力过大，持续、长期地存在着这样的压力，这些压力就会分泌更多的压力荷尔蒙。健康的压力状况是这样："压力荷尔蒙迅速上升，随后又能迅速恢复，一旦压力荷尔蒙不能快速回落就会出问题。如果压力持续存在，肾上腺就会进一步分泌皮质醇。皮质醇就像是身体为了长期作战而引入的原菌，它的浓度在人体内慢慢上升，以帮助身体应对压力。如果有只斑马遭遇了狮子的袭击，有幸逃脱，没有命丧狮口，它皮质醇水平会在45分钟之内恢复正常。相比之下，人类身上的高浓度皮质醇会一次保留几天、几周甚至几个月，这就很容易出问题。长期较高的皮质醇水平会弱化海马体里的细胞并最终杀死它们，而海马体是创造与储存记忆的地方，这就是为什么在急性压力下，学生会产生学习上的种种困难。

很多家长经常不明白，孩子怎么成绩突然下滑得这么厉害？我就会问："你们家是不是有人吵架？"他说对呀。为什么我能这么准确地猜测呢？家里边只要有人吵架，孩子的压力水平就会陡增，孩子的压力水平高，皮质醇分泌得多，就会伤害海马体，海马体就是负责记忆和学习的地方。

所以如果我们理解了我们的大脑是会受伤的，就知道天天在孩子身边不停地指责和唠叨，对孩子是多么大的伤害。

很多家长对于自己给孩子造成的伤害完全没感觉，觉得很正常，"我唠叨你两句怕什么，不就是那种满怀着爱意的唠叨"。但是你只要反过来想一下，假如你的领导天天在你身边这样唠叨，你就会极其痛苦。那是一个慢性压力，而这个慢性压力会伤害到孩子的大脑，让它产生皮质醇。最可怕的是这些压力会使得前额皮质不发育，或前额皮质发展缓慢，从小孩子身上能够看到家庭教育的效果。

学会让孩子做主，没有掌控感就没有胜任力。大脑（前额）皮质是理智脑，它的发展来自哪儿呢？来自你要让他有掌控感，让他有选择权，让他能够对自己的很多事做出决定。在孩子1~2岁的时候，就已经可以开始做这样的事情了，三岁以前就能够帮他把大脑（前额）皮质发展得很好。我们能够看到一个冷静、理智、成熟，看起来像个大人的孩子，就是因为他大脑（前额）皮质层增长了。假如你把他的这部分功能剥夺掉，整天呵斥他、威胁他，动不动就说"我把你送人了"或者甚至把他推到门外，把门关上，孩子跟你在一起就会感到紧张。紧张会怎么样呢？就是大脑（前额）皮质停止工作，离线不发育了，把所有的决策权全部交给杏仁核。杏仁核的办法就是斗争，或者服软。服软就是有很多孩子会对家长谄媚，然后不断地迎合家长，在家长面前装得特别乖巧。这只是为了安全平稳地度过和家长在一起的时间，却影响了让孩子前额皮质得到充分发育的可能性。所以你要想让孩子能够拥有内驱力，就是要让他的前额皮质得到足够的发展。这个发展来自你给他足够的选择空间，让他有掌控感，学会让孩子自己做主。

在你让孩子做主的时候，要学会讲三句话，而且这三句话很精确。第一句话叫"你特别懂你自己，你可是自己的专家"。谁更懂孩子呢，孩子更懂他自己。这第一句话是帮助孩子建立自信心，帮助孩子认识到自己对自己的责任。第二句话是"你脖子上长着你自己的脑袋"，或者说得可爱一点"你脖子上长着你自己的小脑袋"。什么意思？你有自己独立的判断。第三句话是"你想要让生活中的一切都有条不紊"。这句话很重要。我们很多家长觉得，如果我们把决定权交给了孩子，那就天下大乱了，肯定完蛋，要大闹天宫了，对吧？因为他好不容易有这个机会，如果24小时打游戏怎么办？但事实上，孩子并不会这样。因为孩子也希望自己的生活井井有条，能够有条不紊，孩子也希望能够好好地掌控自己的生活。所以这句话给了孩子非常强烈的心理暗示，你要让孩子知道他既有意愿也有能力做到这样。

但是反过来你发现，孩子在什么情况下会疯狂地打游戏呢？就是父母拼命地掌控孩子，结果有一天，突然说今天不管你了，那这24小时他能够分秒不差地打游戏。所以，当你要让孩子真的做主的时候，这三句话是一定要讲。我希望大家把这三句话记住：

你特别懂你自己，你可是自己的专家。

你的脖子上长着你自己的脑袋。

你想要让生活中的一切都有条不紊。

帮助孩子建立这样的自信心和责任感，如果孩子出现了特别不靠谱的行为、自私的行为或者危险的行为，你是可以站出来阻止他的，"我不能因为爱你就放纵你的决定，因为你这个决定实在听起来不大靠谱"。设立边界始终都是养育的重要组成部分。我们一直在讲的温柔是有边界的，家长要帮孩子设立好足够的边界，这让孩子会觉得有安全感，会觉得父母关注他、爱他。同时，在这个边界之内很多事情由孩子来定，这样他的前额皮质就会成长得越来越快，他自己会冷静地判断，会有理智，提升内驱力。

怎么来培养孩子的内驱力？家长还需要明白人在一生当中，有三个基本需求：自主需求、胜任需求、归属需求。我曾经遇到一个家长跟我讲："我女儿别的事我都不管，但是只有一件事我不能放过，那就是弹钢琴。我觉得弹钢琴代表着毅力，如果她放弃弹钢琴，代表了她没有毅力，将来做别的事也会一事无成，所以她必须坚持弹钢琴。"这个家长特别得意地跟我分享他的这个教育理念，我相信这样的家长太多了。

其实，凡是因为弹钢琴、吹笛子、学奥数等这样的事去跟孩子较劲的家长，都是只知道胜任需求。觉得能够克服这个困难，把它学会，这个能力很重要，这只是胜任需求。对孩子来说还有另外两个更基础、更重要的需求，就是自主需求和归属需求。许多家长因为追求胜任需求，同时破坏了自主需求和归属需求。"爸爸妈妈不爱我，这个家里没有温暖"，这叫归属需求缺失。孩子说的话不算，不喜欢弹钢琴也非得弹，自主需求得不到满足。我们不能够只看到胜任需求这一项，应该更多地考虑孩子的自主需求和归属需求。《心流》那本书告诉我们，当一个人做一件事做得很投入，他的头脑当中会分泌大量的多巴胺，他就会愿意坚持，愿意做这样的事，他大脑的内驱力就会提高。

家长如果整天盯着孩子说成绩、排名、能不能上名牌大学这些问题的时候，就把孩子引导到自私的方向，他只会盯着这一点点事。但如果你能够让孩子看到整个世界，看到为这个世界所做的各种各样的贡献，有那么多不同的职业，孩子的世界也会变得更大，同时我们也不会那么焦虑。所以希望大家能够帮助我们的孩子掌握自控力，都能够发自内心地有热爱，愿意自己长大，成为自己的主人。

我们把孩子当作一棵幼苗，妈妈是地，爸爸是天，在天地间自然生长。妈妈给到孩子安全感、归属感，爸爸给到孩子配得感和价值感。如果你们的格局只有天花板那么高，那么这棵树长着长着就会长歪。如果扩大你们的格局，打破天花板，打破你们陈旧的思维，就能养育出大格局的有幸福感的孩子。

讲座地点：湖州市吴兴区八里店戴山学校

讲座时间：2021年3月11日

后 记

党的十八大以来，习近平总书记围绕"培养社会主义建设者和接班人"作出一系列重要论述，深刻回答了"培养什么人、怎样培养人、为谁培养人"这一根本性问题。给教师和家长带来了深远的思考。国无德不兴，人无德不立，一个孩子健康心理、健全人格的养成需要社会大环境的熏陶，更需要教师的唤醒、家长的感化、同伴的影响和自我的成长。本着育人的初心、满怀教育的热忱整理了此书稿，为自己钟爱的教育事业贡献一份绵薄之力。希望这部作品有一种引人向善的力量，即使不能改变什么，也想用自己的努力试着影响到一些人。2021年，正值中国共产党建党一百周年，作为一名党员教师，谨以此书向党的百岁生日献礼。

本书共七章，前六章分享了我们作为家长应该怎样教孩子、怎样跟孩子沟通、怎样帮助孩子在生命中植入三根支柱。一个复杂生命体系中植入了安全感和价值感，在终身成长型思维的指引下，才能活出满满的幸福感。如果家长学会并践行，相信你的孩子会生活得非常幸福，因为孩子拥有会教育的智慧型父母。

第七章针对青春期孩子在成长过程中出现的关键性问题，通过一问一答的方式，方便家长精准地找到核心方法，及时采取应对措施。

最后，附上家庭教育讲座内容，希望每个家长都能帮助孩子建立独立、完整的自尊体系。

本书既是具体做法的展示，又是家庭教育理念的传达。书中介绍的方做法和理念，若能引起你的思考，那便是我的幸运。

希望这本书能进入千家万户，帮助更多需要帮助的人。

我一直执着于做一个内心有善念，并愿意把善意传播出去的人。如果书中的哪句话刚好对面临困惑的父母有些帮助，那么我所做的努力就值得。你刚好需要，而我刚好在，也是一种缘分。

本书能顺利出版，得益于师长、朋友们的鼎力支持。

首先，感谢湖州市第四中学教育集团的领导，他们是我成长路上的引路人，他们用创新的教育思想、成就他人的教育情怀深刻地影响和改变着我的教育观。他们对学校未来的顶层设计，就像一面旗帜，指引着我不断前进，和四中人一起探索孩子们健康成长之路。

其次，感谢蒋沅池老师、史金芳老师、费颖老师、陈建仁老师、杨春林老师、朱晓平老师。他们的理念和精神，引领我走上青春期家庭教育之路。

最后，感谢湖州市教育局、吴兴区教育局领导的博大胸怀；感谢徐来潮校长、沈旦校长的肯定和支持；感谢侯小英老师、汪永泰老师、虞敏敏老师、杨枫华老师、杨继明老师、谢小女老师等领导、专家给予我启迪、鼓励。

同时，湖州市第四中学教育集团的同事、学生和家长，湖州"心享吴兴"教师志愿者公益团队的伙伴们，你们都以不同形式给予我帮助，推动我成长，在此一并感谢。

金国英

2021年4月15日